洪蘭作品集12

# 好孩子

## 三分天注定，七分靠教育

身教篇

洪蘭 著
尹建莉 主編

# 出版緣起

王榮文

一九八四年，在當時一般讀者眼中，心理學還不是一個日常生活的閱讀類型，它還只是學院門牆內一個神秘的學科，就在歐威爾立下預言的一九八四年，我們大膽推出《大眾心理學全集》的系列叢書，企圖雄大地編輯各種心理學普及讀物達二百種。

《大眾心理學全集》的出版，立刻就在台灣、香港得到旋風式的歡迎，翌年，論者更以「大眾心理學現象」為名，對這個社會反應多所論列。這個閱讀現象，一方面使遠流出版公司後來與大眾心理學有著密不可分的聯結印象，一方面也解釋了台灣社會在群體生活日趨複雜的背景下，人們如何透過心理學知識掌握發展的自我改良動機。

但十年過去，時代變了，出版任務也變了。儘管心理學的閱讀需求持續不衰，我們仍要虛心探問：今日中文世界讀者所要的心理學書籍，有沒有另一層次的發展？

在我們的想法裡，「大眾心理學」一詞其實包含了兩個內容：一是「心理學」，指出叢書的範圍，但我們採取了更寬廣的解釋，不僅包括西方學術主流的各種心理科學，也包括規範性的東方心性之學。二是「大眾」，我們用它來描述這個叢書的「閱讀介面」，大眾，是一種語調，也是一種承諾（一種想為「共通讀者」服務的承諾）。

經過十年和二百種書，我們發現這兩個概念經得起考驗，甚至看來加倍清晰。但叢書要打交道的讀者組成變了，叢書內容取擇的理念也變了。

從讀者面來說，如今我們面對的讀者更加廣大、也更加精細（sophisticated）；這個叢書同時要了解高度都市化的香港、日趨多元的台灣，以及面臨巨大社會衝擊的中國沿海城市，顯然編輯工作是需要梳理更多更細微的層次，以滿足不同的社會情境。

從內容面來說，過去《大眾心理學全集》強調建立「自助諮詢系統」，並揭櫫「每冊都解決一個或幾個你面臨的問題」。如今「實用」這個概念必須有新的態度，一切知識終極都是實用的，而一切實用的卻都是有限的。這個叢書將在未來，使「實用的」能夠與時俱進（update），卻要容納更多「知識的」，使讀者可以在自身得到解決問題的力量。新的承諾因而改寫為「每冊都包含你可以面對一切問題的根本知識」。

在自助諮詢系統的建立，在編輯組織與學界連繫，我們更將求深、求廣，不改初衷。

這些想法，不一定明顯地表現在「新叢書」的外在，但它是編輯人與出版人的內在更新，叢書的精神也因而有了階段性的反省與更新，從更長的時間裡，請看我們的努力。

# 目錄

身教篇

## 懂內心，相處其樂融融 203

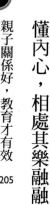

# 懂內心，相處其樂融融

# 1 親子關係好，教育才有效

父母參與孩子的生活不只是時間的陪伴，而是透過輕鬆的生活場面，把父母理性的處世和與人對話交流的方式教給孩子。

## 最溫暖的教育：講故事

最近四個妹妹回臺省親，閒聊起來才發現，我們共同的童年回憶竟然都是睡在榻榻米上聽母親講《西遊記》的故事。

一九五〇年代前後的臺灣沒有電視，連收音機都很少，我們最大的娛樂就是聽媽媽講故事。夏天晚上到院子乘涼，冬天則窩在溫暖的被窩裡聽故事，聽完故事後，心滿意足，各自在心中繼續自己版本的續集。那時雖然物質生活很差，但是精神生活充實。現在回想起來，母親在忙完一天家事後還肯講故事給我們聽，真是不容易。越感受到父母的愛，孩子越受教。透過講故事，親子擁有共同做一件事的溫馨感覺，這將成為支持孩子上進的力量。

以前的父母從不把愛掛在嘴上，但是一舉一動都能讓孩子感受到父母的愛。正是這樣的愛與期望激勵我們上進，使我們在跌倒時，有勇氣爬起來繼續前進。

看到現在的孩子與父母相處的情形常覺得很難過，不知為何，他們把親子最美好的那一塊丟棄了。父母對孩子講話都是催促、責罵、抱怨，「功課做完了沒有？」「為什麼考得那麼差？」「趕快去洗澡」「趕快去睡覺」。

當父母抱怨孩子不聽話、叫不動時，或許應該停下來檢討一下與孩子的互動是不是出了問題，不要繼續用原來的模式讓問題惡化。

家教中最忌說教，所謂忠言逆耳，必須用別的方式讓道理進入孩子的心中，而最好的方式就是講故事。小孩子經常要求重複念同一本故事書，當故事情節深入孩子心中時，他也就學會了在那個情境中恰當的應對方式。

父母講故事不一定要照書講，自己可以編很多生活的經驗進去。孩子都喜歡知道父母在他們那個年齡時的行為，這樣說故事可以增加孩子的共鳴。我小時候臺灣幾乎沒有任何童書，父親給我們講的故事是《左傳》中的歷史故事，他有時念有時說，這都沒有關係，因為我們喜歡的是圍在父親身旁看他神采飛揚的樣子。故事懂多少不重要，我們要的是親子共處的時間。

後來父親病重，住在臺大醫院，小妹心血來潮，念《左傳》給父親聽。我注意到，一開始，爸爸的表情很驚訝，他大概沒想到小妹過了四十年還記得他當年講的故事。到後來，他開始微笑，因為他看到小妹身上有他當年的影子，那口氣就像爸給我們講了千百次故事時的口氣，我相信那天他很欣慰。

生命是個圓，大人以前講故事給孩子聽，孩子長大了，大人變老了，現在孩子講故事給大人聽。假如我們與孩子沒有共同的經驗、共同的語言、共同的回憶，怎麼期待孩子在我們年老時陪伴我們呢？

現在的父母太忙了，忙著賺錢給孩子享用他們當年沒能擁有的東西，卻忘了應該先給孩子他們曾經有過的東西。父母最重要的是讓孩子感受到他的愛，越感受到父母的愛孩子就越孝順，因為他不願讓父母傷心。

前幾天報上說有名小學二年級的男孩，拖著一只跟他一樣大的行李箱離家出走，因為他覺得別人的媽媽都在家陪他們，而他的媽媽要上班，不能陪他，他覺得媽媽不愛他，所以離家出走。

我們除了感歎現在的小孩早熟，小學二年級就懂得收拾皮箱離家出走之外，心中也覺得不忍，因為這個孩子渴望母愛。他太小，不瞭解單親的母親不上班衣食會無著落。對這種孩子，母親應該念很多跟他一樣情況的故事給他聽，讓他瞭解很多人其實和他一樣，看看別人如何度過沒有母親在家的一天。最重要的是，母親應該讓他養成閱讀的習慣，使他能從書中尋找慰藉。

親子關係需要經營，透過故事讓孩子感受到父母對他的愛，透過故事教孩子做人做事的道理。最主要的是透過故事，親子共同做一件事的經歷，這個感覺會在故事內容已經淡忘後，化成一股支持孩子上進的力量，因為他一直都有父母陪伴的溫馨回憶。

## 提防無意間關上溝通管道

朋友上國二的女兒本來很乖巧，放了學像小鳥一樣嘰嘰喳喳跟母親講個不停，現在突然放學不立刻回家，而是留在學校做功課，回來後洗過澡就不再出房門，母女倆面對面時她的眼睛也避免與母親接觸。朋友慌了，暗中察訪，女兒的確是留在學校讀書，並沒有交男朋友；但是整個行為都不對勁，連星期天都說要去圖書館看書。她非常擔心，跑來找我。

行為突然改變當然是有原因的，我細問行為改變前後家中發生的事，朋友說什麼都沒有，唯一就是女兒在日記中用粗話罵了弟弟，她告誡女兒說女孩子不可以講粗話。我問她怎麼知道女兒在日記中罵粗話，她理直氣壯地說：「我看到的呀！不看怎麼會知道？」我再問：「她給你看的嗎？」她說：「當然不是。我有一天整理她的房間，換床單時在枕頭底下看到她的日記，就拿起來看了一下，不過，」她加強語氣說：「她小時候寫的任何東西都給我看，以前學校發生什麼事也都告訴我，我們母女之間是沒有任何秘密的。」

我望著她，感歎天下的父母都沒感覺到孩子已經長大，還以為是襁褓中萬事依賴自己的寶寶，殊不知孩子一天天成長，一天天有自己獨立的人格時，她開始有一塊自己內心的世界。這個世界如果被闖入，會有家被小偷入侵的感覺，說得嚴重些，就是心靈受到侵犯。孩子嘰嘰喳喳說著學校的事情，那是她願意分享的部分，但她逐漸會有一部分只保留給自己。假如每次和父母說話都是愉快的響應，那麼孩子就願意多與父母分享她的經驗；但是如果得到的是批評，幾次以後孩子就學會不再自討沒趣，會像蛤蜊一樣，一回家就把嘴巴閉上。

親子溝通管道的關閉我認為是最危險的事，這迫使孩子向外人求援；但孩子的同學都與他年齡相當、經驗相仿，他們出的多半是餿主意，結果是一步錯步步錯。父母想跟孩子保持溝通管道的暢通，一定要記得他是獨立的個體，在他話沒說完之前不要打斷他，更不可不分青紅皂白隨便指責。我們自己也有這樣的經驗，當我們向別人訴苦時，如果對方是同情的態度，我們會越講越多；假如對方不耐煩地指責，下次我們再也不會找這個人講心事了。孩子若能從你身上得到幫助，他會來找你；如果從你身上得到的是責罵，以後一定不會來找你。

至於日記裡寫的東西，父母其實不必太緊張，那原是宣洩的一個管道，在日記裡罵就等於是在心裡罵一樣，不應該會有人知道的；一旦日記不再是安全的宣洩場所，這個孩子會更苦悶。

聰明的孩子很小就懂得把自己的秘密說給別人聽是件愚蠢的事，同學可能背叛，好友可能背叛，連自己最親密的的伴侶都可能會背叛。孩子天生會覺得父母是最安全的傾吐對象（有人說中國的心理治療師很少，是因為我們的家庭結構緊密，有家人可以傾訴，所以不必找心理治療師），然而一旦父母不可信任，孩子會深深感到背叛的傷害。這個孩子選擇逃避、不回家、不跟母親眼神接觸，因為她已無法正視母親而不質問「為什麼要偷看我的日記」。

我的朋友不認為她偷看，只是關心，但很多孩子就是被這種關心逼出了家門。真正關心孩子，就應該尊重他、接受他、陪伴他，他心中有話自然會告訴你。

很多時候，父母不知不覺中犯了錯誤，卻抱怨孩子不好溝通，不聽家長的話。其實，是家長無意中讓孩子封閉了溝通的管道。

《肚子有一朵雲》（典藏藝術家庭出版）裡面講了一名男孩叫艾略特，他只要一開始幻想，嘴就張大了。於是他的父母嘗試了各種方法，威脅利誘，要他閉上嘴巴，可惜都沒有效果。直到有一天，艾略特在家閉著嘴，出門閉著嘴，在學校也閉著嘴，再也不像以前一樣每事必問了。

書中的爸爸經常說：「如果你不閉上嘴巴，就別想看電視。」每當這時，艾略特就拿本書回房間去了。他連辯都懶得辯，因為他已經知道當父母這樣說時，多辯無用。

父母達到了目的——艾略特終於不張著大嘴呆想了。但是這樣問題又來了，孩子不說話，大人也擔心。他們開始後悔，母親說：「我的兒子本來生氣勃勃、快快樂樂，是我們把他變得哀傷又孤單。」於是父母又想盡各種方法希望艾略特能開口，但艾略特就是不開口……

許多家長習慣像艾略特的爸媽一樣，總說「如果你不怎麼怎麼樣，我等一下就不怎麼怎麼樣……」，用條件式的威脅手段要孩子就範。這種語氣常會引起孩子反感，太小時他們無力反抗，長大一點就開始叛逆。

這其實是枚不定時炸彈，有一天爆炸威力會很大。艾略特的不反駁，其實就是親子溝通管道關閉的開始。父母很少花時間追究孩子為什麼要做出這種行為，如果瞭解了，通常對某種行為就不會這麼排斥。如艾略特在做白日夢時會張開嘴，每個人在冥想時，有他自己的方式，有人踱方步，有人在桌上敲手指節。我們大人無法蹲下來從孩子的眼光看事情，會習慣從自己的觀點下判斷。

很可惜的是，大部分大人都不鼓勵孩子做白日夢，都認為那是浪費時間。忘記了《金銀島》的作者史蒂文生就是因為生病在床，不能去上學，每天只好做白日夢自娛，把它寫下來後，就變成娛樂全世界兒童的不朽作品了。

當我們用欣賞的眼光看待孩子時，一定會看到他的長處。假如用挑剔的眼光，每一種行為都不符合我們的標準。人都是要等到失去了才會珍惜，但如果父母多看書，別人的智慧可以幫助我們在沒有失去前就珍惜它。當孩子跟父母溝通沒問題時，就不會有青春風暴期了。

## 如何減少母子衝突？

我有位朋友非常孝順，父親過世後，她放棄美國的高薪工作回到臺灣，陪伴孤單的母親。但是不到半年，她來找我，希望我能想辦法找出她與母親總是處不來的原因。

她說每次母親一開口總愛說太寂寞，希望她能多多陪伴自己，她也很希望能多孝順母親，畢竟這是她回國的目的。但是，不知怎地，和母親說話時，往往說不到三句，她就要發脾氣。為了避免頂撞母親，她往往簡短回答便轉身走開。

朋友和我都是念腦科學的，不相信所謂犯沖、相剋的說法，但是檢討了半天，也找不出明明「母慈女孝」但就是合不來的原因。直到有天她送來一卷錄音帶，這是星期天她在家中與母親對話的錄音。當我聽完這卷帶子，謎底揭曉了。

在這卷錄音帶中，朋友母親的話占了五分之四，而朋友說的話只占了五分之一，都是在答話，而且都很簡短。母親的句子中絕大部分是否定句，例如「不要穿這件衣服，這顏色不適合你」「不要擦地板了，先去買菜」「不要買這種樣子的小黃瓜，這種胖肚子的裡面全是籽」「不要放那麼多洗衣粉……」「不要用這種醬油，有色素……」「不要看這齣連續劇，轉轉有沒有別的……」到了晚上，朋友母親叫她「不要穿這件睡衣，換一件厚一點的衣服，因為天轉涼了……」此時朋友再也按捺不住，脾氣就爆發了。

人天生有保護自己的本能，當一個人總是批評你時，你的大腦很快就會形成一種防衛機制，只要一看見這個人，全身細胞就緊張起來，進入備戰狀態。這個人講的每一句話你都會先從負面去解釋，篩選出可能的敵意，再處理語意。這種情況下，當你想做一件事而這個人攔阻你時，第一次你會勉強順從，等到第二次，你便不想讓他知道，因為沒有人喜歡被「駁回」的感覺。久而久之，什麼事你都不想讓這個人知道了。當這種情況發生在親子之間，就會變成你越不想讓父母知道的事，父母親越是拐彎抹角地想打聽出來，此時你便覺得隱私權受到侵犯，親子關係便日益惡化。

看到了平日不以為意的說話方式會導致這樣的結果，我心中真是很震驚。越親密的人，我們講話往往越不小心，忽略了對方也需要被尊重。孩子大了，有自己的主見，父母要學會尊重他的選擇，說話時要避免用「不要」這個詞做為句子的開頭，別讓孩子覺得「我在父母眼中一無是處」。當孩子還小時，這種感覺會造成孩子自信心低落。如果孩子已經長大，外出工作建立起自信心後，父母還用這種方式說話，只會讓孩子迴避你，離你越來越遠。

心理學的研究已經證實，理智和感情是分家的，是不同的神經迴路在處理。心中知道怎麼做是對的，並不代表一定會快樂地去做。當聽命於父母變成一種不得不為的義務時，雙方都會很痛苦。天下沒有什麼事比親子關係不合更令人傷心的了。

## 快樂時間與管教時間七：一

最近的研究發現，父母和孩子在一起的時間可以分成「快樂時間」（陪著孩子、聽他說話，一起做他喜歡做的事）和「管教時間」，兩種時間的比例應該是七：一。如果管教的時間超過快樂的時間，父母要檢討，因為這樣教出來的孩子缺乏社會競爭力。

父母參與孩子的生活程度越高，孩子行為越良好。只會嚴厲體罰孩子的父母，多半是平時不參與孩子生活的人，他們天天忙著賺錢，無暇顧及孩子，一旦有空聚在一起，便發現孩子的行為與他的預期不一樣，發脾氣，甚至嚴厲體罰孩子。這樣的父母，把這個比例搞反了，所以結果也是相反的。

不久以前，強森（Christine Johnson）和西蒙斯（Ronald Simons）發表了一篇有關教育的論文。他們發現決定孩子行為好壞的是父母參與孩子生活的程度，而不是管教的鬆與嚴。

時光一去不回頭，失去親子共處的機會會造成終身遺憾。養育孩子的樂趣就在於每天看著孩子成長成材，你如果不花時間和他在一起，又何必生他呢？做父母的最不應該的就是生而不養、養而不教。現代人很忙，常常忙到連飯都來不及吃，但是人生本來就不可能什麼都全有，自己要做選擇，應該早早把優先順序排出來，選重要的做。

《天下雜誌教育特刊》的記者訪問過許多國中生，問他們最痛恨什麼，答案是「補習」。問他們最希望什麼，答案是「和父母說話」。

看了這個，不禁掩卷歎息。這兩個答案，一個是現實，一個是理想，兩者是相抵觸的。孩子花了太多時間補習，哪有時間說話給父母聽；父母花太多時間賺錢，負擔孩子的補習費，哪有時間聽孩子說話？

父母應該明白，和孩子一起享受快樂時光也是一種教育，把時間多花在這裡，少花在說教和補習上，才是一種正常狀態。在未來世界的競爭中，在補習班長大的孩子是沒有競爭力的。

一位理性的父母教育出來的孩子也是理性的，因為理性對話是潛移默化的學習，它無法在補習班得到。而理性思考、創新點子、情緒控制是未來事業所必需。如果孩子進入社會要用到的不是補習班可以教他的，為何捨本逐末，逼他去做他最不喜歡做的事呢？

這個比例只是一種理念，不是嚴格的數字關係。參與孩子的生活不只是時間的陪伴，而是透過輕鬆的生活場面，把父母理性的處世和與人對話交流的方式教給孩子，學會不用發脾氣的方式處理情緒，學習說話表達的藝術。

## 2 好父母要會讀心術

合格的父母要懂得關懷孩子心靈的需求，洞悉孩子行為背後的緣由，及時解開他們的心結，孩子才能真正健康地成長。

### 孩子為什麼要說謊？

大腦有個「厭惡中心」，當人接觸到令人厭惡的事情時，比如聞之生厭的氣味，這個地方就會活躍起來。從大腦造影實驗中我們看到，說謊時，大腦活化的地方與我們給受試者聞阿摩尼亞（氨水）是同一個地方，都會引起大腦厭惡中心的反應。

所以我們知道，人天生本不喜歡說謊。說謊的人，即使嘴上不承認，心中其實是不齒說謊行為的。一般來說，孩子說謊時頭會低下、不敢正眼看人。人說謊時，瞳孔會放大，這也是一個人性本善的指標——物種演化居然讓我們在做壞事時生理上會做出反應。既然不齒，那為什麼又會做呢？這就是我們要瞭解的。

從某方面來講，是我們逼孩子說謊的，因為我們沒有盡到溝通的責任。一名讀者來信說他的孩子很喜歡說謊，已經小學三年級了，怎麼打罵都無效，打時會跪地求饒，打完照舊說謊，他很頭痛，不知該怎麼辦。

家長應該知道，一般來說，說謊是因為有種很強的欲望無法達成，才會想盡方法來完成它，包括欺騙在內。比如有某個玩具實在很想要，但父母不准；很想吃某樣東西，父母不准；考試考得很爛，不敢讓父母知道；要和同學一起去玩，而父母不讓……知道說謊的原因後，對症下藥就比較容易了。

對說謊的孩子，先要找出是什麼驅使他去做父母不喜歡的事，然後看這件事有沒有辦法兩全其美，在你能接受的範圍內，讓他達成願望。總之，要從根源上幫助孩子，幫他找出替代方案，使他的欲望降低。

如果一定要拒絕，就要想一想，拒絕的理由是不是沒講清楚？我們應該好好解釋給孩子聽，讓他知道為什麼這件事不可做，它的後果是什麼。這是要花很多時間和精力的，但是這種投資絕對划得來。我的孩子小時候不喜歡刷牙，不盯就不刷，還騙我說刷過了。我帶他去看我補牙，讓他看到小時候不刷牙，長大一輩子受苦，之後他就不敢了。我小時候牙刷很貴，牙膏更貴，同學中很多人是用手指當牙刷，用鹽刷牙的（後來才知道古人還用楊枝刷牙），而且那時沒有正確的衛生概念，所以我們那一輩的人牙齒往往不好。我讓兒子看到補牙的痛苦後，從此他背包裡放著一把牙刷，任何時候，只要吃過東西就刷。現在他在出外應酬時，吃過飯就會自動站起來去洗手間刷牙，不在乎別人異樣的眼光。

說謊的問題一定要及時解決，說謊時間長了，就會養成惡習，難以革除。大腦神經迴路是越用連接得越緊，長久不用，連接就會慢慢鬆開。所以，改變一種壞習慣需要父母防患於未然，除了多觀察多分析，更要用愛心理解。對孩子說謊不要驚慌，不要打罵，越打罵越容易阻礙孩子正常表達的願望，說謊會越嚴重。一定要溝通、理解孩子，慢慢消除導致他說謊的因素。

當父母肯聽孩子說話時，孩子會感受到父母的愛，內心會湧出一股力量使他向善。很多人不做壞事，是因為不願使父母傷心。

父母管教的方式要一致，絕對不能媽媽說不行的，爸爸說可以。孩子是非常聰明的，如果父母意見不一致，他馬上知道如何討好父母，操弄父母之間的矛盾，如此一來管教就棘手了。

## 能看見大腦在想什麼嗎？

中國古代的「秋決」是有道理的。人命關天，頭一旦砍了就接不回去，所以死刑都是等秋收之後再執行。一方面，行刑有殺一儆百的作用，農閒時老百姓才有時間看熱鬧；另一方面，是為了拖延一段時間，看看有沒有新證據出來，以免冤假錯案。一直以來，人們都認為人心隔肚皮，思維看不見，古今中外的法官都不敢百分之百確定伏法的人是真凶。現在腦科學技術使得人們有機會直接觀察大腦，這是不是可以提高辦案的準確性？

這方面技術的基礎是人會說謊，大腦不會。比如同一件事，說真話與說謊話大腦的血流量及活化的地方不同。

英國的實驗更利用大腦不同區域的活化情形，來推測受試者的意圖。例如，實驗者先給受試者看支短片，同時掃描他的大腦；再請他回憶這支短片的情節，又掃描他的大腦。把前後兩次大腦活化的情形作比較，找出處理某個核心資訊的大腦部位，然後藉由活化區域反推這個人在動什麼念頭。也就是說，實驗者想不經由受試者的嘴巴直接從大腦中推測他的想法。

這個技術一旦成熟，會像DNA用在犯罪偵查上一樣，使被受害人指證「化成灰也認得」的被告冤枉得以澄清。這將是第一次在大腦中看到犯罪者的「意圖」，而「意圖」在量刑上是個重要的指標，有道是「無心犯罪者不罰」。

用科學來辦案，用大腦來舉證，是未來司法辦案的趨勢。美國已有神經法律學了，臺灣正在起步。

## 「耍寶」是自卑的面具

朋友打電話來說，她兒子喜歡在班上「耍寶」，老師說是自信心不足的表現，要家長多注意。她聽了很難受，就盡全力培養孩子的長處，比如花大錢讓孩子學各種才藝，上英文補習班，希望孩子能有好成績，多才多藝，就會有自信了。家長每天接接送送，弄得精疲力竭，但是兒子仍然在班上耍寶搞笑，讓老師很頭大，在聯絡簿上提醒她注意。

我聽了非常同情，青春期是成長過程中很痛苦的一個階段，其中最痛苦的便是對

「自我」的認識不清。很多愛搞笑的孩子自己覺得沒有長處，只好用「耍寶」來引人注意，其實內心充滿了自卑和痛苦。

美國的專欄作家包可華（Art Buchwald）在他的回憶錄中寫道，他是個孤兒，在孤兒院中長大，衣衫襤褸，沒有零用錢，上學時只能靠耍寶搞笑使別人喜歡他，他沒有想到後來會走上寫幽默專欄的道路。包可華還是名重度憂鬱症患者，嚴重到必須經常住院做電療治療。

美國另一位非常有名的幽默作家貝瑞（David Barry）也是在中學時成績不好，運動項目也不行，想打籃球不夠高，想踢足球不夠壯，剩下的就只有耍寶，逗女同學笑了。他說他的內心其實很空虛，回家後常恨自己為什麼文不能文、武不能武，要靠自嘲來避免別人嘲笑。他一直到後來成為暢銷書作家，上電視接受訪問時說：「我終於不必靠搞笑耍寶來引起別人注意了。」這話聽了令人心酸。

難怪我父親常說「在臺上笑的小丑，在臺下是常哭的」。我們不要被表相蒙蔽，要想辦法進入孩子的內心世界去化解他的痛苦。

現在很多成績不好的孩子，尤其是男孩子，被課業搞得沒了自信，所以很喜歡「耍寶」。當孩子學不會時，我們很少想一下：是不是這種方式對他不合適，我是否應該從另一個角度切入？我們多半會把責任推到孩子身上，常聽父母罵道：「教了老半天還不會，一定是沒好好聽，拿棍子來，打了就會了。」我們都把成績不好的責任怪到孩子頭上，從不檢討一下，家長和學校是不是什麼地方做錯了。比如強硬地要孩子背一些東西，孩子背不會，老師就會責罵，家長就會生氣。其實，背生疏的東西是很不容易記住的，新知識一定要和舊的連接在一起才保存得住。

我勸這位朋友不要讓孩子補習，不要給他報那麼多才藝班，給他一點時間交朋友。目前學校課表的安排是沒有時間給孩子講知心話的，家長應該週末帶孩子去外面玩，順便發掘他的長處。自信得靠實力，這實力並不是分數，而是他的知識廣度和深度。

要讓人看得起，必須有被看得起的東西。搞笑看起來是件小事，但它是孩子內心寂寞的吶喊，是一種自我保護，千萬不可輕視。

## 糾纏分數隱患多

美國最近公佈了一份近七萬人的大型精神健康調查，結果發現在過去的一年內，平均每五個人中就有一人可診斷出心智、行為或情緒失常的問題，其中女性（百分之三二・八）比男性（百分之一五・六）多，十八到二十五歲的年輕人最多。更可怕的是，每二十人中就有一人（百分之四・八）嚴重到干擾正常生活功能至少兩週以上。

我們很好奇，十八到二十五歲是在上大學或剛進社會工作的年齡，為什麼還未真正接受社會磨練，就有百分之三十的年輕人精神失常到診斷得出來的地步呢？這種情況，絕大多數可以追溯到童年時代的學習壓力上。兒童因為功課不好，長期壓抑，以致罹患焦慮症，這已是全球問題。

俄亥俄州有名父親因為孩子功課不好，將他的衣服脫光，在冰天雪地中罰站，被路人看到後報警吃上官司。或許從這件事可以看出些端倪。

安全感是人類的第一大需求。孩子在小的時候因為沒有生存和自衛的能力，完全依賴父母的照顧，如果父母不喜歡他、不照顧他，他只有死路一條。所以心理學家洪妮（Karen Horney）和羅傑斯（Carl Rogers）提出一個兒童情緒發展理論，認為兒童如果不確定父母是否喜歡他、接納他，會產生嚴重的焦慮，他們必須找出一個贏得父母歡心、讓自己安心的方法。為此，許多孩子學會了揣摩上意、討好大人，或創造出一個成績優秀、可以博得父母歡心的「我」。

假如這個「理想的我」與「真實的我」之間差距太大，這種焦慮就會更嚴重，這時孩子會用任何方式去暫時獲得父母的歡心。這就是為什麼賓州州立大學的研究發現，孩子說謊的最大原因是不想讓父母失望，這也是學生作弊越來越普遍的原因。當大人只重視分數時，孩子只好作假，而作假會使他更加貶低自己，這個惡性循環會使他最後掉入憂鬱症的深淵。

很多人誤以為分數是量化的，最公平，但愛因斯坦曾說：「許多重要的東西是不能被量化的。」分數代表的是現在的知識，並不能預測未來的表現。

聯合國經濟合作發展組織（OECD）的史萊克（Andreas Schleicher）說：「國際學生基礎讀寫能力計畫（PISA）的目標不在檢驗過去學到什麼東西，而是未來運用所學的知識與技術以面對新環境與新挑戰。」所以他們測的不只是閱讀讀寫能力，還包括數學和科學的讀寫能力。他認為今日的學生必須有「蒐集、管理、整合及判斷資料，進而解決問題生產新知識，達到參與社會並貢獻社會的能力」。

史丹佛大學做了一個研究，請受訪的中學老師回答：如果一名學生某次數學成績是六十五分，他應該如何對待這個學生？結果有老師抗議：「一個點不能求出斜率，單一的分數對瞭解一個人的能力沒有什麼價值，遑論預測未來成功的潛力。」這個觀點完全正確，我們不應該再以分數取人，更不值得讓孩子為分數焦慮不安，賠上他的精神健康。

前陣子過世的廣告教父孫大偉在學校時功課不好，老師曾經對他的評語是「該生素質太差」。想想看，他出色的工作，為商業、視覺藝術、廣告藝術做出了多大的貢獻，這個世界若是沒有他，該有多遜色。

## 讓孩子遇事敢跟你說

朋友青春期的女兒不慎懷孕了，不敢對父母講，自己找同學弄了不知什麼東西打胎，結果肚子痛到在地上打滾，而且下體出血不止，把父母嚇壞了，緊急送醫才救回一命。我的朋友非常不能接受孩子有事不跟她說這件事，她認為孩子是自己一手帶大的，並未假手他人，孩子有事不告訴她，是對她的不信任，這種不信任傷透了她的心。

曾有一位老師憂心忡忡地對我說，他不知道為什麼現在的孩子和父母關係這麼疏離，孩子有了問題不敢找父母商量，父母也看不出孩子有什麼地方不對勁，不會主動詢問。他班上有個孩子被同學勒索，整整一週沒吃午飯，午餐錢都「捐」出來了，父母居然沒有發現；還有一名學生偷偷騎車摔倒了，皮破血流，不敢讓父母和老師知道，自己叫同學從家裡帶草藥來敷，結果腳發炎腫到褲子都穿不下，父母也沒察覺。這位老師很心疼這些孩子小小年紀就要學會「打落牙齒和血吞」，獨自去面對人生的黑暗面，沒有大人伸出援手，也擔心這種覺得「沒有人關心我」的孩子長大後人格會不會扭曲，會不會憤世嫉俗。

我聽了很難過，因為我記得有名小學六年級的孩子在學校遭人勒索，不敢回家告訴父母，先到公園去哭了兩個小時，結果第二天他從學校三樓摔下來，也不知是被人推下去的還是失足；還有名正值花樣年華的女孩，因為誤交壞人，積欠二十萬賭債，被逼從泰國走私毒品，結果遭判無期徒刑。

孩子有事不找父母，反而先找同學，在臺灣是個相當普遍的現象。這究竟是為什麼？

這一點我們大人要檢討，不能先怪孩子不信任父母。孩子小時候都是信任父母的，有事一定先找父母；弄到後來不敢去找父母，中間必然出了什麼差錯。

一般來說，成人往往不能從孩子的角度看事情。當拒絕孩子的要求時，通常沒有先考慮一下孩子的心理，也很少解釋為什麼不行，就直接說「不行」，而且語氣斬釘截鐵，沒有通融的餘地。

另一方面，中國人較少稱讚別人，比較擅長潑冷水，對孩子尤是。可是人都喜歡聽贊同的話，不喜歡與自己意見相左的人在一起。假如孩子有什麼事，每次開口告訴父母都是挨罵，下次有事自然就什麼都不跟父母講了，少說少挨罵，孩子和父母也就漸行漸遠。

一名孩子說：「我媽只會兩個字，就是『不行』。如果要多說，就是『我告訴你說不行就是不行，再囉唆就打』。」這樣，孩子既不相信父母，又懼怕父母，親子溝通管道就會關閉。

曾經有父母問：「每次都答應孩子的要求，會不會寵壞孩子？」其實問題不是在答不答應，而是在要求合不合理。如果是合理的要求，為什麼要擔心寵壞孩子呢？

假如我們能從小讓孩子知道：人一定會犯錯，只要對父母講了，父母會和你一起面對困難。孩子有這種信心，許多的悲劇就不會發生了。

還有一個原因是敷衍。孩子興高采烈地回家報告他很得意的事，而大人忙於生計，不是不注意聽，就是隨便應付一下，連眼睛都不抬起來看他一下。孩子是非常敏感的：既然你不想聽，那我下次就不說了。

中國的父母其實非常關心孩子，只是關心的方式大部分是物質上的而不是精神上的。許多父母整天盯著孩子多穿衣服，多吃飯，卻較少坐下來跟孩子談心，不去瞭解孩子心裡的感受。而且孩子大概過了小學三年級以後，父母與他們就沒什麼肢體上的接觸了。中國父母的關心是含蓄的，不掛在嘴邊的，需要孩子從日常生活的細節中體會父母的用心。偏偏我們的孩子因過度保護，在人際關係這方面的智慧開得比較晚，有的甚至上了大學還不能體會到父母的愛心，以為父母不在乎他。

無論是多麼堅強獨立的孩子，都一樣渴望得到父母的關懷。對孩子來說，心靈的需求遠大於衣食的滿足。孩子是每位父母一生最重要的投資，值得我們投注最多的心力。當你年老躺在床上時，財富和曾有的成就能給你帶來多少快樂？你最需要的難道不是親情嗎？

養育孩子決不只是提供好的物質生活，一位合格的父母更應該關懷孩子心靈的需求，洞悉孩子行為背後的緣由，及時解開他們的心結，讓孩子能真正健康地成長。

# 3 不完整的家是孩子一生的痛

提供一個溫暖的家，讓孩子沒有遺憾，是父母的責任。
父母給孩子最好的禮物是夫妻相愛，共同維持一個溫暖的家。

## 被拋棄的孩子容易自我拋棄

美國有個調查發現，父母回家與孩子一起吃晚飯的次數，與孩子課業表現成正比。

從研究上我們知道，幾乎所有的問題孩子都出在問題家庭，家庭是品德教育的核心。其實不用調查，有經驗的老師都知道，一個孩子如果功課突然一落千丈，一般來說有三個原因：頭一個便是家庭出了問題，使孩子無心念書；第二個是在校園遭霸凌；第三個是身體有病，尤其是外表看不出來的大腦病變。

我有一次去山地服務，看到一名小學一年級的男生在跟高年級的打架。他雖然年紀小，但憤怒使他把比他個子大的同學壓在地上，狠命地捶。老師趕來分開他們後，這孩子一臉倔強，死不肯道歉。老師一邊責罵他，他一邊伺機再偷揍那名同學。老師被他氣著了，要懲罰他，別的同學急忙跑出去把他的姑姑找來（山地學校沒有圍牆，只有個校門）。這孩子看到姑姑後，臉上表情才改變。姑姑也沒說什麼，只抱抱他，摸摸他的頭，他便走過去，向那名被打的男生鞠了一個躬，但仍然一句話也不說。姑姑向老師道歉後便回去工作，這事件便落幕了。

這名孩子在上幼稚園時，我就認得他，大大的眼睛，活潑好動，常跳到我身上要我抱，今天看到他打架不肯放手覺得很驚訝。老師說他父親是板模工，很早就因鷹架倒塌摔死了。自從去年母親改嫁到另一個部落去後，這孩子就變了，變得不合群、滿嘴髒話，只要有人笑他母親，他就會拚了命跟別人打架。最近因為母親很少回來看他，他脾氣變得更壞，在學校惹是生非。現在只有姑姑可以管他，別人講話都不聽。老師覺得很頭痛，也擔心才一年級就不服管教，以後怎麼辦。

我聽了非常難過，這是「被拋棄」的孩子常見的行為。父母一向是孩子最信任的人，現在媽媽突然選擇別人，拋棄了他，對他心理的傷害真是像海一樣深。這個痛使他憤世嫉俗——「你們覺得我不好，不要我，我就壞給你們看」。打罵只是皮肉之傷，哪裡比得上心裡的痛，孩子就這樣變壞了。

「家」對一個孩子這麼重要，我們大人在處理感情時，怎能不把孩子的幸福放在第一位呢？以這孩子目前的情況來說，是無解：爸已去世媽改嫁，新爸爸不要他，我們外人無能為力，因為沒有人可以取代母親在孩子心目中的地位。

崑曲《奇冤報》中有一句唱詞，我自十二歲聽到現在，深烙腦海中忘不掉，便是李奇哭監時唱的「人生有三苦：少年喪父、中年喪妻、晚年喪子」。

想到這孩子我就很難過，也更感覺到現在社會上對婚姻的兒戲態度是不對的。許多年輕人不把婚姻當回事，合則留，不合則散，美其名曰「不勉強自己」。我認為若是沒有孩子，要聚要散的確是兩個人的事，別人無須多問。如果有了孩子，父母就有責任，就必須替孩子著想。不可以生而不養，養而不教，更不可以在吵架時逼問孩子要跟爸爸還是跟媽媽。許多因離婚而家庭破碎的孩子，睡前禱告時，都是希望一覺醒來父母和好如初，聽了令人不忍。

希望所有的父母在受外界誘惑時，想起這個孩子的痛，不要任性，孩子需要你的呵護與教導。

## 缺輪子的車跑不快

有名以前我教過的學生來找我，告訴我她決定不做第三者，把拖了兩年的感情結束掉。我聽了很高興，但不免疑惑以前死勸不聽，現在為什麼會回頭。原來她最近搬家，清理出以前我教她們的講義，看到了破碎家庭對孩子心智成長及學業表現的傷害。她說因為愛對方，所以不希望對方的孩子因她而覺得人生有缺陷。

我聽了真是驚訝萬分，現在的學生在老師還握著生殺大權時都不買賬，畢業了哪裡還會記得老師的教誨？真這麼有效的話，應該每學期都用它，所以叫她把那份講義寄來給我看看。

原來那是一份一九九四年的研究報告，美國全國有二一三〇名高中應屆畢業生接受學業測驗，並回答一份個人成長歷史的問卷。結果發現，在四十題中答對三十題以上者，雙親都在的比率占百分之五十三，而單親的只有百分之四十一；一週有四天和家人一起吃飯的占百分之六十。也就是說，家庭和睦、親子關係良好的孩子，在學校的表現也比較好。

這篇報告指出家庭是教育的核心。很多人把重點搞錯，當學生學習成績落後時，大家都把眼光集中在學校，責怪老師，忘記了家庭才是教育的起始點。這篇報告用「缺了輪子的汽車」形容破碎家庭對孩子的影響，一部缺了輪子的汽車如何能跑得快呢？我記得以前曾有「爸爸回家吃晚飯」的運動，不知道後來效果如何，但是「全家一起吃飯」比「雙親健在」更有分量，因為雙親雖然健在，如果不關心孩子也是枉然。很多父母忙於賺錢，不能常常回家陪孩子吃飯，自然也就不知道孩子在學校的情況。孩子情緒有困擾時，是需要大人及時給予指引和安慰的，老師雖然可以取代一些，但並不能完全取代。

此外，這份報告說：父母給孩子最好的禮物是兩人相愛，因為雙親都在且父母感情和諧的學生，有百分之五十二答對三十題以上，而家庭生活「馬馬虎虎」者，只有百分之三十九答對三十題以上。假如家庭幸福，自己又有信心，比例立刻跳到百分之八十三。最主要的是不論種族（黑人、白人、亞裔和墨西哥裔），家庭和睦都是學生表現良好的最大原因。雖然黑人在四種族群中表現最差，但是與父母一起住的孩子有百分之二十二答對三十題以上，父母離異的只有百分之九。

孩子從父母身上學會自重自愛、人際關係、組織整理，這些都是成功的條件。一個孩子如果不能從家庭中得到他所冀求的注意，四年級以後他便會向外發展，尋求他人的注意，交錯朋友後就很難再回正途了。一個有安全感的孩子敢於面對挑戰，不論這個挑戰是學業或事業上的。講義最後空白處是一篇剪報，寫的是美國一位著名企業家在他六十歲生日時，記者問他「這一生還有什麼最希望擁有的嗎」，他想了一下說「我童年缺乏的父愛」。原來他父親拋棄他們母子四人另結新歡，雖然他一生拚命賺錢，但是再多的錢也填不滿他心中的那個洞。我的學生在這裡用螢光筆做了記號，於是我明白了她做這個決定的原因。

對孩子，父母的責任不只是供給衣食、不挨餓、不受凍，如何提供一個溫暖的家，讓孩子沒有遺憾，才是父母的責任。父母給孩子最好的禮物是夫妻相愛，共同維持一個溫暖的家。許多人因為工作分居兩地，然後藉口寂寞、無聊，做出背叛配偶的事。因此我們要告訴年輕人，結婚前必須睜大眼睛看，結婚後，為了孩子，雙方都要努力適應，畢竟在演化上，孩子的成功才是你真正的成功。

近年來問題兒童越來越多，一部分原因是現在的社會風氣敗壞，另一部分原因是破碎家庭越來越多。父母若瞭解自己在孩子心目中的重要性，就不要自私地見異思遷，犧牲孩子的幸福。一個人要別人看得起，必須先看得起自己，不做違背自己良心、傷害別人的事，一個人最不能傷害的就是父母、配偶和孩子了。

## 4 母愛是孩子的守護神

家庭和美、孩子孝順、身體健康就是最大的滿足，其他的都是鏡花水月。給孩子什麼，都不如給他母愛。

### 女性是家庭的真正支柱

在捷運上聽到一位媽媽在訓斥兒子，雖然是下班時間，車廂擁擠，但是母親聲音很大，大家都聽得見，大意不外是「我這麼辛苦賺錢，你不好好讀書，花了這麼多錢補習，怎麼考試還是這個爛分數！」大概分數實在太爛了，母親動了氣，就罵孩子：「你實在笨得跟豬一樣。」想不到原來低頭挨罵悶不吭聲的孩子突然爆出一句：「如果我是豬，那你就是豬媽！」大家哄堂大笑，孩子一看闖了禍，一溜煙逃到別的車廂去了，留下母親愣在那裡。

美國太空總署的總工程師希坎姆（Homer Hickam）退休後寫了一本自傳《十月的

天空》（天下文化出版）。在這本書中，他說自己之所以能夠從貧窮的煤礦小鎮學校脫穎而出，拿到西維琴尼亞州科學展覽的第一名，跟他的母親有關。

他當年為了研發比較有效的炸藥使火箭飛得高一點，曾經把他們家的熱水爐給炸掉了。他當時非常緊張，害怕得不敢回家。當他餓得受不了硬著頭皮回家時，想不到媽媽居然沒有罵他，只對他說：「我早就告訴你父親這個熱水爐要換了，他都不聽，現在他必須買一個新的了。」他聽了非常感動，決心一定要將火箭發射成功來報答媽媽。母親的態度改變了他的一生。

曾經在美國總統布希身邊最紅的萊斯女士（Condoleezza Rice）也說，她小學五年級時，有一天放學回家看到她家的東西都堆在馬路邊，原來母親付不起房租，被房東趕出來了。她當場決定要輟學做工賺錢，但母親不肯：「沒有房子住一樣可以讀書，但是不讀書一定不會有房子住，你要改善我們的生活只有讀書，讀了書以後一定會有房子住。」萊斯一路靠獎學金讀書，最後更從總統的特別顧問進一步當上國務卿。她的母親果然盼到了一棟房子。

所以不論環境怎麼辛苦，母親正向樂觀的態度，是造就孩子擁有信心與信任的最大因素。我們一向說每個成功的人背後都有個偉大的女人，這個研究只是更肯定這種看法而已。父母不要妄自菲薄，小看自己的孩子，找出他的長處，肯定他，他以後會十倍來報答你。

好幾個心理學實驗都發現女性韌性強，雖然體力不及男性，但其實女性才是家庭的真正支柱。所以我們看到：母親好、父親不好，孩子不太受影響；但是父親好、母親不好，孩子就變壞了。因此聯合國不斷提倡和推動女童的教育，因為你教育一名男童，教育的只有這個男童；但是當你教育了一名女童，你是教育了整個家庭和下一代。

## 「鬧鐘沒有媽媽的味道」

朋友五十大壽，大家替她慶生。酒酣耳熱之際，她突然跳起來，拿出手機，撥了號碼，悄聲說：「乖囝，要起來了。」然後就把電話掛斷。看到我們驚訝的眼神，她不好意思地說，她的孩子在美國讀書，今天期末考試，孩子請她打電話叫他起床，以免耽誤考試。我們忍不住問她：「難道你不知道有個東西叫鬧鐘？買個鬧鐘遠比長途電話便宜多了。」她笑了笑說：「鬧鐘沒有媽媽的味道。」

原來她生長在貧窮的農村，每天要步行五公里去上學，家裡沒有鬧鐘，每天都是母親叫她起床上學。有一次母親生病不能起床，小孩子貪睡，結果就遲到了。從此她就很擔心睡過頭，每天都交代母親一定要記得叫她起床。聯考那天，她一早起床準備作最後衝刺，突然發現母親一夜未睡，坐在椅子上等天亮，因為害怕萬一睡著了，起得不夠早會耽誤她趕考。

她考上大學到臺北讀書後，第一件事便是用做家教賺的錢買了個鬧鐘，從此不必再擔心遲到了。但是有了夢寐以求的鬧鐘，她反而開始懷念母親那句「乖囝，天光光該起床了」，暗暗發誓一定要好好賺錢，改善家裡的生活。但是她大學還沒畢業，母親便因子宮頸癌過世了；因為當時衛生保健觀念不普遍，鄉下也沒有醫生，等到發現不對勁，已經是第三期，病入膏肓了。這成為她終身的遺憾。

所以有了孩子後，她也以母親教她的方式教自己的小孩。孩子出生時，她事業已很成功，經濟情況已大幅改善，但是她沒有把照顧孩子的事推給佣人。她說有時工作到很晚，早上實在不想起來做早飯，但是一想到母親就還是起來了。因為母親從不曾讓她空著肚子上學，每天早上都叫她喝下三碗番薯粥才讓她出門，熱熱的稀飯讓她一路走到學校心頭都還是暖暖的。所以她要每天早上親自叫孩子起床，親手打點孩子的早餐與中午的便當。她很高興地說，孩子已經出國念書了，每天母子仍然通電話，彼此關心一下。她說她希望孩子將來也能以同樣的心對待她的孫子，因為有媽媽關心的孩子不會變壞。

好個「有媽媽關心的孩子不會變壞」，母愛是孩子的守護神。物質欲望在人年輕時好像比較重要，我們不停地與別人比較有形的外表，追求別人有而我們沒有的東西；但是到人老了，經歷過世事滄桑後，我們才明瞭內心的滿足才是人生最大的快樂——家庭和樂、孩子孝順、身體健康就是最大的滿足，其他的都是鏡花水月。給孩子什麼，都不如給他母愛。

在原野上，沒有母親的羔羊是活不過明天的。一名撒哈拉沙漠部落中的女孩，她的母親得痢疾死了，族人在埋葬她母親的同時，竟然把她未滿一歲的弟弟也一起埋了下去，因為沒有母親反正也活不成了，乾脆一起處理掉。她等族人走了後，偷偷把弟弟挖出來，抱著他穿越撒哈拉沙漠逃離部落。我們看到母性的偉大，哪怕僅僅是個女孩，母性已使她擁有超然的能量。

## 需要做全職媽媽嗎？

現代的母親多是職業女性，陪伴孩子的時間自然減少，不少媽媽在有了孩子後，擔心上班沒時間陪伴孩子，會對孩子產生不良影響。

媽媽和孩子早期的相處確實很重要，因為人情緒發展的視窗開得非常短。有一個對幼猴的實驗，小猴一出生就被隔離長大，牠們的前額葉皮質（prefrontal cortex）中，神經元連接密度比較稀疏，神經傳導物質如正腎上腺素偏低，有明顯的社會互動失常現象。但是，小猴只要出生後和母親共處三個月再被隔離，行為的偏差就不嚴重了；如果共處六個月之後再被隔離，則幾乎看不出情緒發展受損的跡象。

六個月的時間就造成這樣永久的差異，很令人驚訝。難怪美國的學者一直呼籲政府應把錢用在幼稚教育及父母成長班上，因為現在省這個錢，以後的社會成本將難以計數。

但這並非意味著媽媽一定要辭職在家養育孩子。

我有一名學生是護士，當初因為 SARS 被徵召，不能回家照顧襁褓中的嬰兒。她的先生是軍人，在外無法分身，只好將寶寶交給保母全天候照顧。她輪完值還得隔離，非常擔心這樣會影響孩子以後情緒的發展，所以寫信來求教，信中也提到了職業婦女的罪惡感與無奈。其實，從研究上看，她是多慮了。

美國的國家兒童健康與人類發展研究院有一篇長期追蹤的報告，探討早期的嬰幼兒照顧對日後情緒發展及認知功能的關係。這項研究追蹤一千三百名兒童，從一出生開始。這項大型研究做得很仔細，涵蓋種族、宗教、教育程度、社會地位、職業婦女與全職母親、單親或雙親等變項，可以說是目前做得最完整的一個計畫。

截至現在為止，報告中沒有任何一項指出「母親上班對孩子有不良的影響」。研究發現：影響孩子未來發展最大的因素是父母對待孩子的態度，而不是誰來照顧嬰兒。也就是說，真正影響孩子的依戀行為的是母親是否瞭解孩子的需求，是否能對孩子的需求做出立即的反應，而不是她在家的時間長短。如果母親雖然人在家中，但是心不在焉（看電視或忙自己的事），對孩子不理不睬，孩子一樣會有不安全感。

研究發現，最重要的是嬰兒要能預期得到什麼樣的對待。只要找到理想的、有愛心的人幫忙照顧寶寶，自己下班後全心全意陪孩子，就不必擔心以後會有不良的後果。

照護人對孩子影響很大，喜怒無常會使嬰兒不知所措，從而產生不安全感。上班的媽媽一定要保證請到的保母或其他照護人不虐待孩子，也不忽略孩子。

有了核磁共振的腦造影技術，可以直接在幼兒大腦中看到神經活動的情形，因此，現在對幼兒情緒的發展有了更深層次的瞭解。研究指出，曾遭到嚴重忽略的孩子，大腦比正常兒童小百分之三十。童年受虐者長大後，儲藏記憶的海馬迴有萎縮的現象，創傷後壓力症候群患者的海馬迴也有萎縮現象；但現在不確定兩者有關聯（即童年受虐易出現創傷後壓力症侯群），受虐兒在掌管情緒的邊緣系統及額葉與顳葉與情緒有關的大腦活動也不正常。所以，母親可以去上班，但是找一個好的照護人是非常重要的事。

目前已有越來越多的國家看到這個趨勢，都在大力推行幼稚教育。國外許多大企業開始提供公司內托兒所的服務，為職業母親提供更多和孩子見面的機會。有人說，錢不用在教育上，將來必用到監獄上。那麼我們的為政者是否也該為未來一代想一下，為媽媽們提供更多和孩子相處的時間呢？

# 5 如何看待孩子打電玩

電玩遊戲是孩子的最愛，父母的最恨，它究竟是天使還是魔鬼？其實只要正確引導不沉迷，電玩遊戲可以為孩子的成長帶來很多益處。

## 電玩是天使還是魔鬼？

曾政承在韓國拿下世界網路遊戲的冠軍，引起臺灣教育界的軒然大波。COCO在報上畫了一幅極好的漫畫：一名穿著「傳統教育」字樣的老者雙手捂胸，胸上插了一支矛，哀叫著「我受傷了」，旁邊站著一位拿盾牌的電玩武士。

現代家庭中普遍在打著一場戰爭，就是孩子千方百計避開家長打電玩，家長千方百計阻止孩子打電玩。在家長眼裡，電玩遊戲如同洪水猛獸，啃噬著孩子的美好前程。

電玩遊戲是孩子的最愛，又是父母的最恨，那麼電玩到底是天使還是魔鬼呢？

《教育線上》刊登了一篇署名為日本人森昭雄所著《小心電玩腦》的書摘，標題為「電玩時代孩童的大腦危機」，說打電玩的孩子前額葉神經元活動會降低，β波消失，最後變成電玩腦，然後列舉了一些健忘行為來支持「電玩腦」的說法。我看了非常驚訝，這與海外研究的文獻以及我們在實驗上所看到的完全不符！

不實的資訊會造成父母的恐慌、親子的衝突。我個人不打電玩，與遊戲業也沒有任何利益瓜葛。中央大學網路學習科技研究所有一篇碩士論文對此探討得很清楚，證明電玩雖有諸多負面影響，但並無大腦退化、β波消失的證據。

孩子沉迷電玩遊戲的原因最主要的是遊戲有減壓的作用，能使孩子暫時逃脫生活上的壓力，到一個虛擬的空間去逞英豪。此外，電玩還有醫療作用。一九八七年有報告指出，癌症病童能通過打電玩減少化療的噁心程度；而現在也有很多研究是利用遊戲來治療注意力、專注力及記憶的缺失。這些報告都與森昭雄所說的正好相反（見 Larose 等人在一九八九年的研究以及 McSwegin 在一九八八年的研究）。

目前已有數十篇論文顯示，電玩遊戲可以增加視覺選擇注意力及問題解決能力。研究人員發現：打電玩者通過觀察、假設、嘗試錯誤而找出遊戲規則，從而增加對數學符號表徵性質的瞭解，這是一種高度的抽象能力；學習到組織策略（注意力集中、自我評估及自我監督）、記憶策略（組塊、想像及有結構的復習）及正確的猜測。最主要的，在生理上完全沒有森昭雄所恐嚇父母的大腦退化的證據，反而是看到網路遊戲能增加大腦紋狀體（striatum）中多巴胺的釋放。

多巴胺是重要的神經傳導物質，與學習、行為和感覺運動有關（帕金森氏症就是多巴胺不足）。此外，打電玩與智力測驗中的「瑞文氏空間推理測驗」有較高的相關性，打電玩的孩子在測驗成績上都遠高於不打電玩者，他們在類比能力上也強很多。

## 電玩可增強孩子的空間和推理能力

過去數十年間，人類在智力測驗上的得分隨年代而增加了，這個現象因是紐西蘭的佛林（James R. Flynn）教授發現，而被稱為「佛林效應」（Flynn effect）。從十九個有佛林效應的國家中可以看出，它們都是接觸到高科技、資訊發達的國家，所以這個效應可能與電腦、電視等多媒體的傳播有關。

有人認為現代社會電視非常普遍，電信傳播的發達使世界的距離縮短很多（當年波灣戰爭的情況從衛星上傳送下來，清晰得好像在自家門口打的一樣，令人有身臨其境的感覺），電信的發達使孩子接受的資訊多了，所以認為這個IQ（智商）分數的增加可能是由於多媒體的出現，導致了語文能力增加的緣故。

但是當佛林仔細分析荷蘭新兵的資料時發現，語文的分數增加不多（荷蘭的年輕人在十八歲入伍當兵前必須先做一些智力測驗，所以他們的記錄最完整），有的地方甚至還有倒退的現象。所增加的分數主要是來自空間能力與推理能力等非語文的部分，最顯著的就是在前述的「瑞文氏測驗」（Raven's test）的表現上。

瑞文氏測驗一般認為是最不受文化差異影響、最能測量出一個人真正智慧的測驗。這是一個九宮格形的矩陣，上面八格有圖，第九格空缺。下面有八個選項，受試者必須快速從這八個選項中挑出最適合的填到空缺的第九格中，完成這個矩陣。

這份測驗十分困難，大人做都不一定做得好，但是有電玩遊戲經驗的孩子就不同了。那些有七年以上電玩經驗的孩子，都能在三十分鐘內做完三十六題，而且正確率可以達到百分之九十八；而沒有打過電玩的控制組都無法在規定的時間內做完，正確率更只有百分之五十六。

我們做過一次網路遊戲和空間能力的研究，原以為電玩遊戲會使孩子的圖形能力增加，想不到並沒有，增進的是空間推理能力。

臺灣的瑞文氏測驗常模的年齡只到十五歲，所以如果要找「資深」的電玩遊戲高手，只能找國三的學生，但是國三的學生是不可能被允許每天打兩小時電玩的。如果要找十五歲左右、每天可以打電玩、沒有升學壓力的，大概只有美國學校，所以我們在台北美國學校找到五名打電玩的九年級（相當於國三）的男生做測驗，同時找了五名同年齡但是從來沒有玩過電玩（或玩得很少）的新北市學生做比對。結果這兩組學生的表現完全不一樣，顯示電玩的經驗對瑞文氏成績的提高的確有作用（見下頁表）。

另外，我們用眼動儀追蹤受試者解題時的策略，發現打電玩者與非電玩遊戲者在解題時眼睛移動的方式完全不一樣。打電玩者眼球掃過九宮格後，很快就抓到矩陣變化的規則，心中似乎就有了底，他們的眼睛便移到下面的八個可能性答案中掃描一次；看到心目中的答案之後，便把眼睛移回題目的空格中，再作一次比對，便按鍵完成了。因此，他們眼動的路線圖線條清晰可尋。但是一名非電玩遊戲者，因為橫看、豎看、交叉看都找不出變化的規則，只好把答案一個個搬上九宮格去試去比對，因此，他的眼動圖線條就亂成一鍋粥了。

**高級瑞文氏圖形推理測驗電玩高手與非電玩者的比較（男生）**

| 電玩高手受試者 | 年齡 | 打電玩時間 | 正確率（%） | 測試所用時間 |
|---|---|---|---|---|
| 1 | 14 歲 11 個月 | 11 年 | 99 | 30 分 |
| 2 | 13 歲 7 個月 | 8 年 | 93 | 30 分 |
| 3 | 14 歲 1 個月 | 7 年 | 98 | 18 分 25 秒 |
| 4 | 14 歲 4 個月 | 8 年 | 99 | 24 分 23 秒 |
| 5* | 12 歲 3 個月 | 6 年 | 85 | 25 分 |

| 非電玩高手受試者 | 年齡 | 打電玩時間 | 正確率（%） | 測試所用時間 |
|---|---|---|---|---|
| 1 | 14 歲 6 個月 | 1 年 | 60 | 30 分 |
| 2 | 14 歲 2 個月 | 1 年 | 55 | 30 分 |
| 3 | 14 歲 2 個月 | 無 | 27 | 25 分 |
| 4 | 14 歲 3 個月 | 無 | 53 | 30 分 |
| 5 | 13 歲 11 個月 | 無 | 53 | 20 分 |

＊表示常模的年齡比受試者高出 3 個月，所以受試者的成績為低估。

後來用成人（超過常模年齡的大學生）做研究時，更發現兩組人用的策略是非常不同的。成人用的是剔除法，把不正確的可能性一一剔除；小孩用的是領悟法，即不知道原因卻知道答案。我們也發現打電玩的孩子在類比和分類能力上比一般大人還強。

例如：在一個遊戲中，電腦螢幕上出現一匹馬，下面有個4；一隻蝦，下面有個10；一具天平，底下是空白，孩子必須很快輸入一個正確的數字到天平底下的空白處，如果正確，地窖的門才會開，使他可以進入下一關。我們發現成人大多選2或1（以為天平有兩端應是2或中間有一根支柱應是1），但是打電玩的孩子卻毫不猶疑地輸入0，當0一出現，地窖的門便開了，表示孩子的選擇是正確的。當詢問他們理由時，他們都很鄙夷地望著大人，意味著這麼明顯的選擇大人為何還要問。我兒子就回答我說：「媽媽，你怎麼搞的，馬有4條腿，蝦有10隻腳，天平沒有腳呀！」的確，前兩者是生物，天平是非生物，他們不受表相的影響而直接進入問題的中心，即動物與非動物的類別。

打電玩遊戲的孩子在分類及推理等邏輯性方面好像比我們大人的腦筋清楚得多，我們並不知道網路遊戲給了他們什麼經驗，但是知道他們從遊戲中練就了一身空間地圖的推理能力。

我曾經帶兒子去榮民總醫院地下室看核磁共振儀，醫院地下室七彎八拐像個迷魂陣。出來後，我們站在門外等計程車，我問他：「你知道核磁共振儀在哪個方向嗎？」他毫不遲疑地說：「在噴水池下。」我非常驚訝。當初的確是因為怕汽車震動力過大，才特意把儀器放到噴水池下，因為沒有汽車會經過水池。我的孩子沒有任何過人之處，他是屬於後段班，不過他愛打電玩。

## 電玩會拓展孩子的注意力廣度

二〇〇三年的《自然》（*Nature*）期刊上有一篇文章，討論電玩與視覺選擇注意的關係，發現打電玩的經驗可以改變受試者的視覺學習表現，增加他的注意力廣度，在視覺空間記憶及序列記憶上都比不打電玩者強。尤其是過去的研究發現，視覺學習遷移的效果很少，即學會了操弄這個作業，對操弄別的作業並沒有很大的幫助。但是目前這份研究卻發現每天打一小時電玩，連續打十天後，受試者在視覺注意空間分佈及時間的準確度上就大為增進。這些能力的進步與網路遊戲的進步相關，而且能將受過訓練的能力遷移到新的作業和以前不曾賦予注意力的新地點上。

因此，雖然打電玩遊戲時好像沒有用大腦，但是打電玩其實急劇地改變了視覺注意的處理歷程。這個實驗也讓我們知道，注意力瓶頸其實是可以突破的。這點從演化上來看並不驚奇，因為有機體處在一個新的環境中時，一定會修改它的視覺系統以求生存。

如果分析這一代年輕人與上一代人差別最大的地方在哪裡，我們會發現答案應該是網路遊戲。我們觀察到打電玩的孩子並沒有閱讀使用手冊，而是直接以實戰方式連接他們過去的經驗，通過立即回饋來學習。這種學習方式其實可以激發大腦的學習動機以獲得成就感，因此美國已有很多學校針對學習障礙的孩子採用立即回饋的教學方式。

從佛林效應看來，電玩不一定是壞事，只要不牽涉賭博，打電玩對眼、手的配合，空間的概念和推理的能力等多方面其實都很有幫助。父母不必防堵電玩遊戲，以免增加親子關係的緊張度；相反的，父母應該給孩子一些遊戲的時間和空間，也就是說，教他紀律。

## 玩遊戲可練習拿捏人際關係

曾獲世界網路遊戲冠軍的曾政承的確直搗傳統教育的核心。因為傳統教育是一元化的，是智育掛帥的，凡是不符合智育條件的都編入「放牛班」或「後段班」，忍受父母、師長、同學異樣的眼光，這是非常不人道的做法。人天生長短不一，各有所長，教育的目的應該是讓每個人的長處得以發揮，而不是將所有人打壓成一個模子。

中華民族是個勤勞嚴肅的民族，一般而言，父母和老師很不喜歡看到孩子總是在玩。中國人相信「勤能補拙」，更相信「業精於勤荒於嬉」，孔子也一再強調「溫故而知新」，所以學生寒暑假一定有作業。我們的孩子從來不能盡興地、無牽掛地玩，整個社會文化對遊戲都是一種負面的價值判斷。其實遊戲是認知、人格成長中非常重要的一種經驗。小孩在遊戲中練習拿捏人際關係，並且學會「禮尚往來」的重要性。分享、輪流玩、講理是交朋友的要件。朋友不像父母有包容心，說錯話、做錯事，朋友就不理你了。從遊戲中孩子學會了設身處地替別人著想，這其實是為他將來進入社會鋪路。領袖能力就是在遊戲中培養出來的。

反觀我們現在的教育，小孩子根本沒有什麼時間與同學玩，一天八小時的課程排得滿滿的，下課十分鐘上廁所都來不及，遑論與同學有什麼互動。當覺都睡不足時，遊戲更是奢談。

其實，不論讀書或遊戲，過與不及都不好。現在，電玩遊戲是孩子們之間交流的一種重要方式，家長與其把電玩視為洪水猛獸，嚴厲禁止，不如訓練孩子經營自己的時間，讓他在功課做完之後，可以做自己想做的事，適度地玩一玩，學會自制、自律。很多孩子在受到尊重後，懂得自重。讓孩子學會經營自己的時間，會一輩子受用不盡，因為父母不可能永遠跟在他後頭「嚴盯死守」。

我們知道，孩子如果真的很想要一樣東西，他會千方百計去得到，打罵是沒有用的。我曾經有個同學愛上了空軍官校的學生，她父母不同意，把她頭髮剃光，使她不能出門，結果她頭上包了頭巾照樣出去。要改正孩子的行為，除非他從心裡願意改，不然外面的防堵是無效的。

很多父母不准孩子打電玩，一個禮拜只准玩一小時，但是孩子有很多方式偷著玩，包括設定鬧鐘，半夜爬起來偷玩。管教孩子要從心做起，抓住他的心，放他飛，不必怕，像風箏一樣，因為主控權在你手上。

從某種意義上講，戰爭沒有贏家，尤其是父母和孩子間。「不戰而屈人之兵」，用的是攻心為上。任何防範要從心做起，才能釜底抽薪。玩電腦似水，能載舟也能覆舟，如何利用孩子對電玩遊戲的喜好加強他對功課的興趣或責任心，讓他在遊戲中練習人際交往，創造雙贏，是二十一世紀為人父母者的新挑戰。

## 6 恰到好處才是真愛

愛需要技巧、需要掌握分寸。密不透風的愛讓孩子窒息，過於「狠心」的愛讓孩子恐懼，只有恰到好處的愛才能促進孩子的健康成長。

### 過度保護會降低孩子的適應能力

某次飯局席間聽到很多人在談師範大學研究生在山上做研究，遇到大雪，他想堅持留在山上，並做了相應的自我保護措施，可是父母強要他下山，並向山難救助隊求救。就該不該強制他下山之事，大家七嘴八舌，有的從父母的角度考慮，有的從社會成本的角度出發，所有人都覺得應該強制他下山，就是沒有人從當事人的角度出發問他願不願意下山。

我覺得研究生的年齡、閱歷都達到了法定成年人的標準，應該可以為自己的事負責，他如果沒有開口，我們旁人不應該「為了他好」就強制他下山。

歷史上有多少遺憾事都是「為了他好」而發生，為什麼我們不能尊重當事人的選擇？很多小孩盼望長大，就是因為處處要聽大人的，而大人看事情的角度與孩子不同，常讓孩子覺得是「被迫」去做。心不甘情不願時，做出來的成績不好，被父母責罵，徒增親子間的摩擦。

其實真為孩子好，就要放手讓他去做，自己在後面作後援。即便他失敗了，這個教訓也會使他終身不忘，他的一生會比那些從來不曾犯錯的人過得有意義。就動物來說，被人飼養的豬牛羊，大腦都比原野上的同類小了三分之一；因為不需要為自己的生存去競爭，一切都有人在照應，腦就變小了。

有一回我去幼稚教育研習會演講，講完後有好幾位老師與我討論現在幼教的困難。其中之一，竟然是有幼稚園小朋友吃香蕉不懂得先剝皮，連皮帶肉一起塞進嘴裡。我聽後瞪大了眼睛，不敢相信，因為連猴子、猩猩吃香蕉都剝皮，怎麼在「香蕉王國」長大的孩子反而不會了呢？一問之下，原來這些孩子從小被伺候得太好，衣來伸手，飯來張口，所有的食物都是切好後擺在盤子裡的，所以不知道吃香蕉要剝皮。

還有一位老師告訴我，她班上有個小女孩，除了蘋果，什麼水果都不吃，因為家中只給她吃蘋果。我聽了除了歎息，不知道說什麼好，這是「愛之適足以害之」。我們怎能保證孩子一輩子豐衣足食，有人伺候？教他獨立生活，不依靠別人才是為人父母之道。尤其只給孩子吃某種食物的父母，更是限制了子女以後在新情境的適應力。因為動物天生就有「懼新症」，對任何沒吃過的新東西都會害怕，會本能地避開，這是一種演化來保護我們的機制。

自然界的食物很多，除非我們是無尾熊，只吃尤加利葉子，不然怎麼知道哪些食物有沒有毒，吃了會不會送命呢？所以大自然讓我們演化出一種「懼新症」，除了小時候媽媽餵食過的食物，其他新的東西一概先迴避再說。

我們在老鼠的實驗上看到，頭一次接觸陌生食物的老鼠會非常小心地只吃一小口。如果二十四小時沒有生病，再回來吃多一點，要慢慢等牠習慣這個味道，確信這種食物吃了不會致命後，才會大口地吃。這是為什麼老鼠藥都是劇毒的原因，因為如果沒有在第一次時把老鼠毒死，牠是不會回來再吃第二口的。

雖然人類不像老鼠，但是每個人的適應力還是會因為小時候的習慣而有不同。人類也是演化來的，我們的孩子也有這種「懼新症」。大約兩歲以後，他們就只吃以前吃過的食物，對新的種類就不太願意嘗試。所以美國嬰兒食品的種類非常之多，南瓜泥、豌豆泥、菠菜泥……就是為了養成孩子從小吃各種食物的好習慣。偏食除了對孩子的健康不好，對他以後的人際關係也有妨礙——女主人一般不喜歡邀請吃東西挑剔的客人。

對於智慧，現在的新定義是「在新環境中適應新情境的能力」。孩子有多元化的習慣才能適應多元化社會的需求，只給孩子吃某一種食物或把他保護得太好都不是正確的愛孩子之道。真正愛孩子應該是把他訓練得在沒有你的時候過得也一樣好。從小培養孩子接受新奇東西的習慣，他以後才能接納異己。

## 教孩子應對危險而不是逃避危險

假日有許多母親帶著孩子在公園的綠地上玩耍，遠遠望去真是一幅溫馨的親子遊樂圖；但是走近時，感覺就不對了，耳朵裡聽到的都是「不要跑，小心摔跤」「不要玩水，會把衣服弄髒」「不要弄螞蟻，小心牠咬你的手」「不要……」幾乎全是抑制孩子活動的指令，令人十分不解。

其實衣服髒了，洗一洗就乾淨了，孩子本來就應該穿耐髒耐洗的衣服，遊戲才會盡興；摔跤了，爬起來就是，沒什麼關係；被蟲子咬了，下次就會小心，而且不見得每隻蟲子都會咬人。父母的過度保護會扼殺孩子的好奇心，使他不敢向外探索。

我們常把現在的孩子叫做「草莓族」「飼料雞」，揶揄他們的脆弱；但是想想也不全然是他們的錯，是我們不肯放手讓他們去冒險、去成長。

其實人生何處無危險？閉門在家都可能有飛機、汽車撞進來，比較好的方式應該是教孩子如何應對危險，而不是逃避危險。父母應該花時間分析每一件事的危險之處在哪裡，後果可能是什麼。孩子其實都不笨，知道了後果都能順應情境去避免。最怕的是無知，不知自己行為的後果可能帶來什麼災難。我們不可能跟在孩子後面一輩子，只有教會他面對困難，才是真正為他好。

以前加州大學有名學生，論文做的是撒哈拉沙漠中的地鼠，他在蒐集論文資料期間，曾在撒哈拉沙漠住了兩年，每天吃鮪魚罐頭與花生醬三明治，連耶誕節都不能回家，因為動物不過節。我第一次見到他時就覺得他與眾不同，眼睛機靈，回答簡單扼要，臉上充滿自信。問他苦不苦時，他說一點也不苦，因為他對自己的研究有興趣。正是孔子說的「人不堪其苦，回也不改其樂」。我認為能夠到達這種境界的人是有福的人，孩子找到他的興趣和理想，做父母的應該感到相當高興。

「我是為你好」大概是年輕人最不愛聽的話了，有時讓孩子去碰壁吃苦是十分必要的。瑞典的孩子在攝氏零下三十度還在外面玩，瑞典人說：「只有不合適的衣服，沒有不合適的天氣。」成就感不是禮物，沒有人可以給，孩子必須在克服挫折中自己去贏得它。

做父母的都會擔憂孩子的安全，但是應該教他如何避免危險而不是把他拴在身邊。停在港口的船最安全，但那不是造船的目的。

## 密不透風的愛讓孩子窒息

朋友愁容滿面地來找我，說她的寶貝女兒變成習慣性說謊者，而且怎麼打都改不過來。我吃了一驚，我在她女兒考上名校的慶功宴上見過她女兒一面，是個十分乖巧聰慧的孩子，怎麼會變成習慣性說謊者呢？

一般來說，孩子說謊是逃避一個他無法解決的問題，很多孩子不是自願說謊。孩子因為怕父母的嚴厲責備或處罰，只好隱瞞事實，編個謊話先解決眼前的問題，而謊話又必須用另一個謊話來圓，久而久之，就變成習慣性說謊者了。父母也要檢討自己是否管教太嚴，逼得孩子去說謊。

這位朋友的生活完全以孩子為中心，先生的工廠搬去大陸時，她因不願孩子去大陸上學，冒著婚姻破裂的危險選擇留在臺灣，這個犧牲不可謂不大。也因為如此，她一定要孩子出人頭地，以證明她的選擇是對的。所以孩子的行蹤，幾乎每一分鐘都在她的掌控之內：上下學她接送，週末學鋼琴和小提琴，孩子要的任何東西她都事先買好，不浪費孩子一點點的讀書時間。

一般孩子愛上網，但是她們家的電腦在她的臥室，孩子想上網查資料，得到媽媽房間來，所以絕對不會出現上網聊天或交網友的事。孩子所有生活上的細節，她都打理得盡善盡美，所以她不理解孩子為什麼要騙她。孩子說去某某同學家做海報，結果去接時，孩子並不在那個同學家；最主要的是孩子回來後，怎麼打罵都不肯說出去了哪裡。這種事已發生三次，她不知道怎麼辦，請求我找她的孩子談談。

看到朋友心急如焚，先生又不在身邊，無人商量，很是同情，所以借著看大學博覽會的機會，我把她的孩子帶出去喝咖啡。果然孩子坐下來的第一句話就是：「阿姨，幫我申請外國學校，我想去美國念大學，我快受不了了。」我還沒有發問，她就滔滔不絕地把心裡話都說出來了。

她不能忍受母親緊迫盯人的「愛她」方式，她說：「媽媽不信任我，我就給她不信任的理由，死都不說我去了哪裡。」我說：「傻孩子，你們這樣不是相互折磨嗎？你媽媽很愛你，為了你她什麼都肯做。」她突然大哭起來，說她寧可是個孤兒，這種綿密的愛使她窒息。

父母不應該為了怕孩子變壞，每一分鐘都掌控孩子的行蹤。被人信任是自尊自重的開始，要給孩子一些自由。逛街對小女孩來說也是一個交朋友、增進友情的機會。人不是讀書的機器，不能也不需要二十四小時讀書。

最後我問她究竟去了哪裡，她笑笑說，心中很煩，念不下書，也不想在家中聽母親嘮叨，就坐公車去陽明山走了一下。我問她為什麼不說實話，母親應該會讓你去的。她搖頭說：「這是原則問題，我應該有人身自由。我想獨處，不要媽媽陪，但是我一說陽明山，她一定會陪我去。我必須有一塊屬於我的個人空間。」她眼睛看著我說：「這是做人的基本要求。」我無言以對。

父母愛孩子要愛得得當。「個人空間」是動物的基本要求，兩隻老鼠放進一個籠子裡，一定成對角線蹲，雖然牠們不曾學過幾何，但是牠們知道對角線距離最遠。給孩子適度的空間，尊重他，他就會尊重自己，掌握他的心比掌握他的行蹤重要。

## 有人天生喜歡說謊嗎？

沒有人天生喜歡說謊，這也是基於人天生的惰性。

從大腦上來看，「誠信」是最經濟、最節省腦力的過日子方式。腦造影的實驗顯示：人在說真話時，大腦只動用到七個區塊；但是在說謊時，十四個地方都得活化起來。可見說謊時大腦工作得比說真話時辛苦得多，說謊比誠實需要動用更多腦力。哈佛大學的平克說，「演化」是個節儉的家庭主婦。所以，算盤一打，何必說謊，誠實過日子比較輕鬆。

而且，凡說謊的都要圓謊，一個謊要用十個謊來圓，大腦就繼續過量工作，人就覺得日子過得很辛苦。同時，大腦沒有那麼多資源來記住曾經對誰說過什麼樣的謊，時間一久，記憶痕跡淡褪，馬腳就露出來了。所以員警在偵訊犯人時，常要反覆訊問。因為問的次數多了，一是罪犯忍受不了反覆說謊的折磨，心理崩潰就說出真話；二是大腦受同質性的干擾，有時會忘記先前講過什麼，前後一矛盾，就露餡了。

腦造影技術能讓人看到，說真話時大腦活化的是愉悅中心，而說謊話時，大腦活化的是厭惡中心。難怪只要有良心的人，說謊後心情都不好。

## 翅膀不硬不可強迫飛

我去一所幼稚園演講時，看到一名小男孩蹲在角落，背對著大家低聲啜泣。我問老師怎麼回事，老師說他從開學到現在都是這個樣子，頭一個月是大哭，現已改為低聲哭，不知道什麼時候才會不哭，大家都拿他沒辦法。我看了很不忍心。

等我講完，他的母親正好來接他，他立刻停止哭泣，一個箭步衝上去，撲入母親懷中，緊緊抱著媽媽的脖子，頭埋在母親肩上不肯放開。我心想是誰這麼忍心，讓自己的孩子哭幾個月還繼續把他送來，就多看了他母親幾眼。想不到越看越面熟，原來是我教過的學生，就忍不住上前多管閒事了。

我問她怎麼把還沒有準備好的孩子送來，讓孩子飽受與母親分離的驚嚇與惶恐，難道不知道長期的驚嚇對孩子不好嗎？這學生滿臉無奈地說：「我也捨不得呀，可是沒有辦法。每一個人都跟我說要訓練孩子獨立，我的大姑、小姑都說我太寵小孩，已經五歲了，沒有讓他去外面上學是害了他，以後不能接掌家族事業。她們甚至不准他晚上跟我睡同一層樓，把他一個人放在三樓。我晚上偷偷去看他，他都在哭，他現在反而會尿床了……」講著講著，母親的眼淚就掉下來了。

這時旁邊好多媽媽都七嘴八舌提意見，有的說：「我孩子剛來時也哭，哭了一個月後就好了。」有的說：「我的婆婆也是堅持不可以跟孩子睡，要他獨立，後來他聽了虎姑婆的故事，現在每晚做噩夢。」我才發現原來有這麼多的媽媽自己沒有主見，聽憑別人怎麼說，自己跟著做，忘記了自己孩子和別人的孩子不同，不能把別人的經驗往自己孩子身上套。

如何教育孩子是門藝術，不能套公式，也不是別人成功，你如法炮製就一定成功，因為你的孩子跟他的孩子不同。孩子還沒有準備好就把他推出去面對世界是件很殘忍的事。所以父母不要讓孩子小小年紀就遭受強迫分離的創傷。例如，孩子還沒做好準備就上學，寶寶哭了硬是不抱他哄他……這些都會讓孩子產生驚嚇與恐慌，帶來長久的不安。

我們中國人很喜歡「從眾」，別人怎樣，自己也要馬上跟進，葡式蛋塔、甜甜圈、股市投資等一窩風現象，其實是沒有自信與分析能力所造成的盲目跟進。為什麼我們對自己這麼沒有信心？為什麼這麼在乎別人的閒言碎語？父母對自己的教育方式一定要有信心，只要孩子很快樂，每天迫不及待地睜開眼睛開始新的一天，你就做對了，堅持下去，你的孩子會以親密的親子關係回報你。

在報上看到一篇文章，一位媽媽說她狠下心讓孩子自己搭校車上下學。雖然孩子一直很不安，還哀求說搭車是件很恐怖的事，但是「為了孩子好」，她還是要孩子去面對自己的人生。結果孩子坐過頭了好幾站，一個人無助彷徨地流落在陌生的地方。最後終於想起家裡的電話，才打電話回家求助。當父親載著孩子終於到家時，孩子紅著眼，猛力關上車門，憤怒地衝進房間。他拒絕與任何人說話，假裝埋頭做功課，對媽媽敲門喊吃飯充耳不聞。

這位媽媽寫道：雖然心疼孩子在迷途那一個小時的驚恐，卻更堅定了放手讓孩子自己搭校車的決心。結尾說：菟絲花是無法獨自生存的，她要孩子瞭解，想像中的庇護所是從不曾真實存在的。

看完了文章，我掩卷歎息，因為這位母親完全錯了。

要孩子獨自搭校車的第一件事，是要讓孩子熟悉走的路線及自家的站牌。舉例來說，我的孩子以前也是搭公車上下學，但是我會事先帶他坐很多次，讓他熟悉沿路的地標，知道到了那個地標就代表離家還有幾站。之後還要確定到站之前，孩子會先站起來去刷卡。事先演練過好幾次後，我才放心讓他自己坐。

孩子頭一次自己搭車時，我會替他準備好家中電話號碼和零錢，告訴他如果坐錯車或坐過站不要驚慌，只要打電話，我就會立刻坐計程車去找他，他只要不離開打電話的地方就行了。我們把可能發生的情況先演練了一遍，我才放心讓他單飛。

很多人誤會了「獨立」的意思，培養孩子獨立，不是在他還沒有準備好的時候，硬把他推出去面對世界。被迫的獨立是童年的創傷，是一輩子的不安全感。現在有好幾個研究都發現：童年的不安全感會影響成年後的親密關係，無法維持長久的男女關係，也無法對性伴侶做出承諾。他們的人際關係相對比較疏離。孔子不是說「不教而殺謂之虐」嗎？

過去行為主義盛行時，流行把孩子放在房子最遠的角落一個人睡，哭了不能抱，抱他會增強他哭的行為，要等他不哭了才能抱。現在鐘擺盪回來了，從老鼠實驗上知道親子分離的恐懼會影響大腦荷爾蒙的分泌，現在醫生讓嬰兒的搖籃放在母親臥房，使嬰兒一張開眼就會看到熟悉的面孔，也鼓勵母親把孩子抱在胸前，讓孩子聽到母親的心跳。我不瞭解我們的母親怎麼這麼沒有自信心，會隨便聽從人家的話而賠上孩子的幸福。

我在加州大學有名同學，說他一生最恐怖的事，便是五歲時跟著媽媽去南加州最大的購物中心買耶誕禮物那次。出發前母親已再三交代要抓緊，所以他緊緊拉著媽媽的裙子，絲毫不敢放鬆。但是耶誕節時購物中心人潮擁擠，他正慶幸自己都沒有鬆開手、很安全時，突然發現裙子上面的那張臉不是媽媽的，他不知道什麼時候和母親失散了。在陌生的地方迷路，對孩子來說，驚恐的程度不亞於經歷大地震。

這一驚非同小可，他說四十年了依然記憶猶新，一想起來還會冒出一身冷汗。所以他自己的孩子小時候，若要上街他一定把孩子背在背上，因為他不願孩子也經歷這種痛苦。對孩子來說，迷失在陌生的地方是一輩子也忘不了的驚嚇經驗，這位母親不瞭解，它在心理層次上的傷害，是屬於創傷級的。

孩子一定要學會獨立，因為父母不可能跟著他一輩子。但是在他心裡尚未準備好，尚在恐懼不安，不知道會發生什麼事的時候太快放手，孩子會覺得是被父母拋棄了。

孩子要的是安全感。一個永遠在那裡保護自己的父母，是孩子情緒成長中不可或缺的安全感來源。學習獨立與被拋棄是兩回事，差別就在於安全感是情緒成長的基石。請讓孩子準備好了再放手，也請讓他知道「家」是一張安全網，有了它，走鋼絲時就不需害怕；因為家讓他無後顧之憂，是他永遠的後盾。

## 父母不苛責，孩子有擔當

最近又在報上看到有小朋友去溪邊玩水，一年級的弟弟不慎落水，四年級的哥哥怕被父母責罵，不敢告訴家人，偷偷把弟弟留下的拖鞋掩埋起來，還插了一根湯匙作記號，等到家人發現去打撈時已回天乏術，令人扼腕歎息。

不久以前也發生過女童為了救另一名同學而落水，想不到其他三人也是害怕挨罵，竟然不去求救反而跑回家蒙頭大睡，失去了救人的先機。

看到這種新聞一再發生，我們大人應該好好檢討一下，為什麼孩子犯錯不敢跟大人講？為什麼我們的觀念裡，不犯錯的才是好孩子？正確的觀念應該是：知錯能改的就是好孩子。我們不准許孩子犯錯，一犯錯就是重懲，使得孩子學會蒙蔽欺騙，以求眼前過關，不管後果如何。這種孩子長大後無法成為國家的棟梁，因為遇事畏縮，讓錯誤變大，是一個無用之人，難道我們希望自己的孩子是個無用之人嗎？

親子關係中最重要的一環就是孩子有事敢找你求救。能做到這一點，孩子就不會變壞，因為他事事都會告訴你，你自然就能防患於未然。

我們要教孩子沒事不要惹事，有事不要怕事，不能有僥倖的心理，事情發生了，就勇敢地面對。是自己的錯，就去承擔；不是自己的錯，就釐清責任。人生有許多突發狀況，既然發生了就要有勇氣面對，有智慧處理，我們必須教會孩子遇事不逃避。當然，要養成這種態度，大人不可以動輒打罵，讓孩子心生恐懼而不說。

我曾在餐廳看過一名五、六歲的小女孩，一不小心打破了碗，立刻從椅子上下來想收拾，但因驚恐手一直抖，拾不起碎片，我看了非常不忍。「人有失足，馬有亂蹄」，孔子都說：「人非聖賢，孰能無過？」我們為什麼要這麼苛責孩子，不准他們犯錯呢？更離譜的是，那天這名女孩的母親沒有生氣打罵她，因為打破的是餐廳的碗，她不心疼。

孔子說：「知錯能改，善莫大焉。」可是中國的父母不給孩子犯錯的機會，也不准他們犯錯。我們常看到孩子在學步時，父母跟在後面亦步亦趨，生怕孩子摔著。反觀美國的父母很少這樣小心翼翼，美國孩子可能多摔了幾次跤，但是他們對自己身體感覺的掌握比我們的孩子好，這也是鄉下孩子沒人教就能自己學會騎車，而城裡父母扶著車跟在孩子後面跑了許久，孩子還學不會的原因。如果不曾摔過，怎麼知道該如何調整肌肉關節才能保持身體的平衡呢？這種知覺叫「動感知覺」（kinesthetic perception），只要有機會練習，自然會獲得。

「做中學」很有用，因為透過應用才會知道出手的輕重，光靠眼睛和知識是不夠的；同時動手做所帶來的動感知覺也是記憶的一種，將來回憶多一條可提取的線索。既然鼓勵孩子要多做，從做事中學習，就要有接納犯錯的胸襟，不要讓孩子養成一出錯就是大難臨頭，寧死不承認，把責任都推給別人的心態。

連續看到兩則選擇逃避釀成大禍的新聞很是憂心，父母親必須在孩子小的時候培養好他的品德及做人做事的態度，讓他成為一個敢於擔當的人。

## 留一個空間讓孩子為自己而活

晚上十點半，我在捷運站看到了同事的女兒。我很驚訝她這麼晚了還在外面，因為她母親對她管教很嚴（她說不希望太早做外婆），這個時間不太可能允許女兒出來。女孩看到我立即跑過來抱著我哭，原來是和母親吵架了，一氣之下才離家出走，但是忘了帶錢，口袋裡只有一張悠遊卡，來到車站後不知去哪裡好，正在徘徊，看到我好高興，這樣就有臺階下，可以回家了。

我知道她母親以她為生活重心，把她照顧得無微不至。問她為什麼會和母親吵架，她說媽媽對她照顧得太周到，連呼吸的空間都沒有給她，她要窒息了。而媽媽一直說是為她犧牲，一旦達不到母親的期望時，會覺得自己對不起母親。她說她活得非常不快樂，也害得母親不快樂，她感覺壓力非常大。

她的話令我沉思。每個孩子都需要適度的個人空間，父母愛孩子愛得緊迫盯人，反而讓孩子覺得不被信任、不被尊重，想盡辦法要脫離父母的掌控。這對母女都活得好累。

我們從小就被教導要取悅別人，忘了讓自己快樂。孩子要取悅父母，拿出好成績；父母又要取悅孩子，累死累活。

長期取悅別人會失去自我，一個失去自我的人是不會快樂的。這個道理對父母來說也一樣。天下的父母都是為孩子好，但是只有自己快樂，孩子才會快樂。

母親是家庭的靈魂，因為孩子和母親在一起的時間最多，母親的情緒會嚴重影響家庭的氣氛，影響孩子的心情。父母愛孩子最好的方式是照顧好自己，然後孩子才會生活得好。

許多女性感歎：以前孩子小的時候，白天上班，晚上帶小孩，蠟燭兩頭燒，可是一點都不覺得累，每天天一亮便跳下床，準備開始為一家子打拚。但現在為什麼孩子大了，不需要整天忙接送，工作也熟練不緊張了，反而覺得很累，提不起勁來呢？為什麼在孩子小，有房貸壓力，工作上又時時得看老闆臉色、戒慎恐懼過日子時有精力、有衝勁，反而在孩子長大、房貸還清、自己也升做小主管後，覺得意興闌珊，日子難過了呢？

我覺得有一個原因，是先前的「預期」和後來的「失望」帶來的心理打擊。孩子小時，我們期待他將來成龍成鳳、光耀門楣，所以拚命賺錢培養他、教育他，給他最好的機會，所有的苦我們都甘之如飴，發憤自己過去沒有享受到的，一定要讓孩子擁有。

但是當孩子一天天長大，個性一天天明朗時，父母看到孩子不可能成為自己理想的那個人，失落感便油然而生，不知自己哪裡做錯，使孩子偏離了自己設計的軌道，於是更加努力去塑造孩子。直到有一天教訓孩子時，孩子順手把父母推回去，這時父母才猛然覺醒：孩子管不住了，自己已無能為力了，只好承認「投資失敗」。這時，父母的日子便過得一天比一天消沉。

這究竟是誰的錯呢？父母、子女都覺得自己很委屈。父母覺得自己盡了力要做個好父母，但是失敗了；孩子覺得自己也盡了力，無奈父母的要求過高，達不到。雙方都對自己產生懷疑，對彼此不滿，造成親子關係的緊張與家庭氣氛的低沉。其實，我們常把得不到的想像得很好，所以痛下決心一定要得到，這是人的本性；但是在付出很大代價、短暫的虛榮煙消雲散後，往往覺得所謂的光榮不過如此。可是孩子失去的童年及破裂的親子關係已補不回來，後悔莫及了。

我不知道有多少成年的孩子在清明節的時候，跪在父母墓前會覺得自己不孝，沒有達成父母的期望。其實，當我們對孩子沒有非分的幻想時，就不會有幻想破滅的痛苦，生活就不會了無生趣了。快樂是一種態度，一種對待生命、每天過日子的態度。每個人在社會上都扮演很多種角色，我們是女兒、妻子、母親，是朋友，是教授。扮演的角色越多，內心的能量越大。一種角色受傷時，其他的角色可以出來支援，當打擊來時，就能保護我們不受傷害。不致像很多傳統女性一樣以丈夫、孩子為生活中心，一旦丈夫變心或孩子離家上學就會頓失生活的重心，不知該如何打發時間了。朋友越多的人，社會資源就越多，也越不容易受到單一失望的打擊。

做父母的更要多讀書，接受新觀念。多讀書讓我們看到事情的因果關係，瞭解因果關係就明白事情在外界的定位，不會以為是自己不好，自怨自艾。要想有快樂的孩子，父母就應該以自己為生活重心，多交朋友，增加自己活動的範圍，為自己而活。你會發現當你為自己而活時，你會快樂很多，你的孩子也跟著快樂了。

每個人都應該為自己而活，包括孩子在內。請你為自己的人生而活，也留一個空間讓孩子為自己而活。

## 孩子不是父母實現夢想的工具

只要住過加州，移民過美國，或曾經想移民美國的人都聽過維尼中學（Gretchen Whitney High School）。它在亞裔圈中非常有名，等於是臺灣的建中、北一女，家長擠破頭想把孩子送進去就讀。在美國也有名牌、重點學校，相信很多人很好奇，而《明星高中 LiveShow》（天下文化出版）這本書的作者，便是實際到這個學校駐校觀察，將校長、老師、學生的心路歷程，毫無保留地寫出來供我們參考。

這本書一個可以引起讀者共鳴的地方在於它摘錄了一些學生的作文，而從書中所引用文章的作者姓氏可以看出，該校大部分是亞裔學生，尤其是華裔，如洪、崔、沈等姓。這些生長在美國的ＡＢＣ照說是我們臺灣孩子羨慕的對象，因為沒有聯考的壓力，但是從作文中我們可以看到，他們父母望子成龍的心態並沒有改變，因此他們所感受到的壓力並不比我們的孩子小。

我們看到他們也會在汽車上假裝睡覺，逃避跟父母講話；他們對父母要求一定要進哈佛、耶魯、麻省理工學院等名校也會反抗（為什麼我不進哈佛、耶魯、麻省理工學院這輩子就完了？你為什麼會沒有臉去見你的親戚朋友？我有作奸犯科嗎？）；我們也看到他們被逼著上SAT（Scholastic Aptitude Test，美國大學入學能力測驗，該成績是世界各國高中生申請美國名校學習及獎學金的重要學術能力評估參考）補習班的無奈。他們的焦慮、抑鬱、沒有安全感和親子關係的緊張，跟我們這邊是不相上下的。

看完這本書以後，我終於瞭解，如果問題出在我們父母身上，不是給孩子換地方上學就可以解決的。假若換地方可以解決，為何過了一個太平洋，到了彼岸，那些華裔孩子仍然如此不快樂？

很多人把壓力怪罪到環境上，因為環境的確會造成壓力，但是最大的壓力來源其實是自己的心態。如果自己有這個看法，環境沒有給你壓力，你也會想像個壓力出來；但是假如自己心中不在意別人的看法時，環境是莫奈你何的，只可惜能做到這點的父母很少。

當年我在美國教書時，常看到華人朋友忙得團團轉，成天接送孩子去做志願服務，甚至有人叫孩子去非洲、中南美洲服務，因為這種資歷容易進醫學院、法學院。結果孩子申請上大學，就好像父母去打一場社會地位的肯定戰一樣，難怪孩子們會在作文中說「我沒有自己的生活，每一分鐘他們都替我安排好了」。這些話聽起來這麼熟悉，這不就是我們臺灣孩子所說的話嗎？所以我們看到了傳統文化如何深深根植在每一代的父母心中，漂洋過海後仍是一樣。

今天教改不成功，孩子越來越痛苦，不知有沒有人靜下來想一想，這些痛苦其實是我們大人為了自己的顏面所添加上去的負擔。「長江後浪推前浪，一代要比一代強」，這句話絕對沒錯，因為人類的演化就是每一代都比上一代強，「青出於藍」要「更勝於藍」。但是「強」的定義卻要因時代、因孩子的天性而有所不同。在封建制度之下，「強」當然是指科舉功名，就像王寶釧的爸爸王允對薛平貴說的「吾家三代將相，不招白丁」，就是繡球打中了你，也不認賬。我們知道古代商人的地位不高，某些顏色和某些布料是不准他們用的；但現在任何領域只要混出名堂，都會受社會的尊敬，現在是科技整合的時代，每個領域都可以出人頭地。這點我們一定要提醒父母。

讓孩子進入名校只是提供給他一個較易成功的環境，如何利用這環境或要不要利用這環境，還是在孩子個人的意願。也就是說，假如我們不能激發起孩子求知向上的動機，名校或一般學校都沒有什麼差別。

學習不像政治，政治是時勢造英雄，但學習是動機創造環境，就像那句名言：「生命自己會找到出路。」因此教育者的任務其實是啟蒙，引發動機，提供機會而已。當我們每個人都認清自己的角色、權利和義務時，社會必然平和許多，人也會快樂很多。

現在的青少年不快樂，有一個原因正如書中所說的：「不管我多努力我媽都不滿意，我在他們眼中永遠是個失敗者。」這種話是個警訊，是青少年死亡率中自殺占首位的原因，也是憂鬱症最大的成因。

曾經有位高中的輔導老師把正向心理學家塞利格曼（Martin Seligman）的憂鬱量表給全校學生做，結果發現有百分之七十的學生處在憂鬱症邊緣。憂鬱症的特徵之一是沮喪，對困境無能為力時，自信心會崩潰。「有夢最美」固然很好，但是要誠實檢視自己的能力，當目標訂得太高時，美夢變成噩夢，會賠上自己的性命。

很多人知道這則故事：兔子、鳥、老鼠決定辦所學校，而牠們都覺得自己的長處很重要，一定要列入課程。於是小兔子被訓練去學飛，結果跌斷了腿，使牠原來可以拿A的跑，因而得了C；小鳥本來飛得很好，但是為了學打洞，折斷了翅膀，使原來可以拿A的飛翔，現在只有拿F了。

強迫孩子為我們的虛榮去做他不擅長的事，強迫孩子去成為他成不了的人，只會造成孩子的挫折感，使他喪失自信心。每個父母都認為他這樣做是愛孩子，但是，當我們愛孩子愛到只想把他們變成自己的榮耀與光環時，他們本身的榮耀與光環反而會在我們的企盼中流失。因為我們做父母的讓孩子永遠覺得自己不夠好，這是不對的態度。因此請不要讓孩子覺得SAT、常春藤名校和成績是人生唯一的大事，是生命的分水嶺；我們一定要讓孩子看到世界不會因為大學聯考而改變，人生比這個重要的事不知有多少。

成績只是一種考量手段，不必太計較，如何讓孩子有信心，敢去面對明天，才是成功的真諦。當你考上了大學，沒有人管你中學是念哪所學校；拿到了博士，沒有人管你大學是念哪所學校。人生是看終點，而不是看起點，請父母們把眼光放遠，看他三十年以後的成就吧！

# 7 優秀是教出來的

好孩子是教出來的，不是說出來的。教育孩子要懂得三大法寶：信任不等於放任，自由不等於自私，自信不等於自負。

## 一所山地小學的啟示

〇到五歲是人格成長的重要時期，越小的家教越重要，我們必須在孩子小的時候培養好生活的紀律、做事的準則和吃苦耐勞的精神。

現在已有許多文獻探討小時候紀律和長大後人格和就業的關係。有一個研究發現，幼稚園時期能延緩自己需求的孩子，到四年級時各方面的表現都比較優秀。

這個實驗的研究者是先對幼稚園的小朋友說，這裡有糖果分給大家，每個人都有兩種選擇：現在拿，只有一顆糖；若等二十分鐘，就可以有兩顆糖。有些孩子會選擇立刻把糖放進嘴裡，也有孩子選擇等二十分鐘，多吃一顆糖。研究者追蹤這些小朋友到小學四年級，結果發現那些可以等待的小朋友學業操行都比較優秀。有一本書叫《優秀是教出來的》（雅言出版），最近我在南投縣仁愛鄉一所山地小學看到了這句話的證據。

四月底，我邀請中央大學天文所的孫維新教授（現已轉任臺灣大學）上山去教山地的孩子看星星，因為山上沒有光害，看星星最好。山上最多的是不要錢的星星，只要不下雨都可以看得見。教孩子看天文，說不定以後可以培養出一位天文學家來。因此明知孫教授很忙，我還是硬拉他上山給孩子講解天文。

我們原來的安排是晚上六點放幻燈片，等天黑了以後再出去看星星。想不到天公不作美，最近兩週都在下大雨。因為孩子已經非常期待了，校長說孩子們上網去查了相關資料，也準備好了問題。因孫教授也沒有別的時間可調，我們只好冒雨上山，但是只能在室內講解，不能出外觀察。

我擔心年齡小的孩子會坐不住，特地買了牛奶糖帶上去，預備學生不耐煩時，封封他們的嘴巴。想不到從幼稚園到上六年級的孩子都表現得非常好，晚上五點多他們吃過晚飯便回到學校了，先在外面集合，然後魚貫入場，幼稚園的孩子坐第一排，依序往後坐。小朋友都安靜地等待望遠鏡的架設。我給每個人發了一盒牛奶糖，他們一看到糖，眼睛立刻亮起來，馬上轉頭看老師；老師搖搖頭說聽完才可以吃，全部的小朋友居然都乖乖把糖放在桌子上，沒有去動。雖然眼睛一直盯著，卻沒有一個人拆開來吃。

看幻燈片時，小朋友的表現可圈可點，被叫到名字的上臺，其他人坐在底下觀看，最後排隊去看望遠鏡。因為下大雨沒有星星可看，只好看窗外的路燈和人家（順便也教教他們什麼叫隱私）。

在這頭尾兩個半小時的演講中，他們的表現令孫教授驚訝，令我驕傲。優秀真的是教出來的，他們的父母和老師，尤其是老師，用了很多心。這所學校非常注意培養孩子的勞動能力，五、六年級的學生就會幫助父母背高麗菜，通過勞動，孩子們知道約束和付出會換回更多的收穫。學校也注意紀律方面的教育，從小重秩序，長大有效率。所以在教學上，功課和生活教育並重。課本上的知識永遠學不完，但是人品的培養錯過時機就來不及了。

勞動是教育孩子品德很好的方式，不流汗不懂得吃苦，就不懂得珍惜。紀律是學習的必要條件，空有動機，沒有紀律、沒有毅力完成也是枉然。

秩序教育並不需要整天教訓孩子，關鍵是成人做出榜樣，並持之以恆。

我去朋友家，發現她的女兒才兩歲就很會幫忙做事。她坐在客廳跟我聊天，需要用筆寫東西時就對女兒說：「妮妮，去書房幫媽媽拿支筆來。」女兒就會飛快地把筆拿來。等一下又說：「妮妮，去臥房把媽媽的皮包拿來。」女兒又很快地拿來，用完了，自己會放回去，看得我目瞪口呆。她笑著說：「你忘記普通心理學裡『學習』那一章了嗎？學習就是個連接呀！只要所有東西都有固定地方放，很小的小孩都可以使喚她去做事。」

的確，一個孩子如果聽得懂那個物件的名稱，又知道那個物件放置的地點，就可以輕鬆拿到那樣東西。如果從小養成孩子物歸原位的習慣，他以後就不必浪費時間找東西。秩序是成功的要件之一，有秩序才有毅力，才會成功。

我們平常會找不到東西，是因為生活習慣不好，東西亂放，增加回憶時提取線索的干擾（老太太出門時，把金子換了三個地方藏，回來後就找不到了）。如果剪刀永遠放在廚房的第一個抽屜，那麼，剪刀和抽屜就形成一個「強力連接」，一想到剪刀，就想到抽屜，就不會找不到了。也就是說，如果每樣東西都有固定的地方放置，就不必花大腦資源去記哪樣東西放在哪裡了，大腦資源就可以釋放出來去記別的事，做事效率就會高。所以良好的生活習慣，是成功的第一步。

## 好家教可以控制荷爾蒙的衝擊

在機場看到《時代》（*Time*）雜誌的封面是一名年輕人，大標題是「青少年大腦的秘密」，副標題為「研究帶來了我們對青少年心智的革命性看法，解釋了他們行為的神秘」。這種標題往往會引起熱賣，因為家有青少年的父母都會忍不住買一本。回家細看為什麼原來乖順的兒女一夕之間變得桀驁不馴，說一句頂三句，使得家庭氣氛總是處在「兩國交戰」的情況下；運氣好一點的則是「雞犬相聞，老死不相往來」，放學回家就躲進房間，房門永遠是鎖著的，兒女只有在月初發零用錢時才出現，拿到錢立刻隱身。

看到別人搶購，我也忍不住買了一本，發現報導的是美國國家衛生研究院季德（Jay Giedd）的研究。一九九一年以來，他長期追蹤掃描一千八百名孩子的腦，看正常的腦發展情形為何，尤其著重同卵雙胞胎，因為他們的基因相同，想看看後天環境對相同的大腦結構會有什麼樣的影響。

自從有了腦造影技術，可以直接在活人腦中看到神經活動的情形後，一些傳統觀念被顛覆掉了。密西根兒童醫院的柴加尼（Harry Chugani）教授發現，十個月大的嬰兒大腦的活化就已經到達成人的程度，尤其是掌管情緒的杏仁核，在兩個月大時就已經在工作了。大腦的活化程度在五歲左右達到頂點後逐漸下降，但是在十一到十二歲時又往上爬，過了青春期才真正停留在成人階段。其中女性比男性早，女孩子十一歲左右神經元連接密度到達頂峰，男孩要到十二歲半。

大腦最晚成熟的是額葉，要到二十歲左右。這是掌管理智、決策的區域，尤其是抑制自己不要做不對的事情的地方，所以額葉現在又稱為「總裁腦」，是大腦的總指揮。這就是為什麼大多國家法律都是以二十歲為成年標準的原因。但是季德認為大腦真正的成熟可能要到二十五歲，比之前認為的二十歲晚一些。這個發現直接影響到孩子十六歲可不可以開車、十八歲可不可以投票及喝酒等法律上的問題。

青春期時荷爾蒙大量湧出，尤其是掌管情緒的地方特別活躍。有人認為這是青少年尋找情緒刺激的原因，因為掌管理智的前腦尚未成熟，意念出來不易抑制，所以青少年容易衝動，做出沒有理性的事。

知道原因並不代表合理化，反而更讓我們看到父母的重責大任。父母要想辦法在精神層次上提高孩子的境界，幫助孩子擺脫生理的控制，在他們進入青春期前先建立良好的價值觀和是非判斷，將荷爾蒙的衝擊減到最低。

## 「無聊」，為什麼無聊？

聊，是說話；無聊，就是沒什麼可說的。沒什麼可說的卻要硬說，就只能打哈哈，然而這並不能給人帶來快樂，所以中國人會用「無聊」來表達自己的寂寞和不快。

亞歷桑納大學做了個研究：讓受試者身上配帶一部電子啟動的答錄機，每十二秒啟動一次，錄下三十秒的聲音，連續四天蒐集受試者白天的活動情形，然後請不知情者判斷這段聲音的內容是有深度的討論。如：「你父母離婚是什麼時候的事？你難過嗎？」或是無意義的打哈哈，如：「你在吃什麼？熱狗嗎？」然後把這些談話記錄與受試者的生活滿意度量表、主觀與客觀的快樂指數求相關，每三個星期做一次。

結果發現只有有深度、有意義的談話才會帶來快樂和幸福的感覺；膚淺、言不及義的聊八卦、閒扯淡反而使人更沮喪。快樂的生活是建立在社會化及有深度的對話上，而非膚淺的閒聊上。

要做到這一步並不難，只需從小在家庭中培養紀律，也就是我們過去說的「家教」，因為童年紀律的培養是種內隱的學習，會跟隨孩子一輩子。假如孩子在飛機上把走廊當做自己家的走廊奔跑，而父母不加以阻止或約束，或是父母自己把機艙當做自己家的客廳大聲喧嘩，我們怎麼能期待這個孩子長大後會約束自己青春期的行為呢？

這篇報導最後強調父母以身作則的重要性。孩子不一定聽父母的話，但他絕對是有樣學樣，模仿父母的行為。文章以 what you do matters（為什麼你怎麼做很重要）為結尾，真是非常正確，一針見血。

某天中午我與學生一起吃便當時，注意到有名學生先把雞腿撥到一邊，等別的菜都吃完後才吃。我問他為什麼不先吃雞腿，他想了想說：「我也不知道，我爸都是這樣吃的。」但我知道這是為什麼。

在我們成長的年代，臺灣物質並不豐裕，能夠讓孩子吃飽的家庭不多，大部分人只能吃八分飽，所以人口眾多的家庭或住宿的同學都會先吃好的，因為等一下好菜就沒有了，比較有安全感的孩子才會留下好的慢慢享受。在當時，沒有孩子吃不下飯的問題，老人家總是教孩子先吃苦，後吃甜，要苦盡甘來。後來社會富裕了，孩子生得少，「小公主」「小王子」對吃飯挑三揀四，父母要「勸食」，上述留到最後慢慢享用的現象就消失了。想不到在這「新生代」的孩子身上還能看到，這顯然是身教的關係，孩子平日看他爸爸吃飯的樣子，不知不覺學來的。

請從小教導你的孩子紀律與自律，念書給他聽，打開他的眼界，啟發他的心智。當青春期荷爾蒙襲來時，紀律與自律會使他不逾越，知識與內涵會使他超越生理的澎湃，這樣就會安然度過青春期，蛻化為一名心智成熟的青年。

## 教育的三大法寶

我曾經在《中國時報》上看到一篇媽媽讀者的來信，大意是她讓兩個孩子上了標榜自由與開放的體制外學校，強調順著孩子個性發展，結果孩子在人際關係和生活態度上有許多缺失，養成了「只要我喜歡，有什麼不可以」的個性。老大當兵時無法忍受部隊的管教，差點出了人命；老二太過自信，聽不進別人的勸告，在金錢上不能量入為出，弄得負債累累。這位媽媽非常自責，認為當初自己尊崇自由、嚮往開放式教育，而過度強調孩子的自我發展，使得他們無法融入團體，造成今天的不適應。

看完這篇文章後，恐怕很多父母都會很緊張，不知道自由的尺寸要如何拿捏，才不會過猶不及。其實只要釐清了「信任不等於放任，自由不等於自私，自信不等於自負」這三個觀念，父母就不用擔心了。

這位媽媽的出發點其實沒錯，因為每個孩子都不一樣，的確不可以拿同一個模子套在他們身上。我們應該讓孩子順著自己的個性發展，將來才可能成為一位快樂、有用之人。但是孩子還小、閱歷不豐，需要父母在一旁監督與指導；因此可以信任他，但不能放任他。

信任的先決條件是自重自愛。孩子一定要先自重自愛、誠信守諾，才能享受到父母信任的特權。換句話說，被別人信任是特權，但是需要自己用誠信去換。這些都需要父母首先做出表率，孩子才能學會。

自由是以不妨礙他人自由為前提，所以崇尚自由必須尊重別人的自由。凡事能替別人著想，也就不會自私。它的原則就是孔子所說的「己所不欲，勿施於人」。這點對父母尤其重要。所以父母要多站在孩子角度想想，如果自己是孩子，家長是否尊重了自己的自由。

自信來自別人對你的長期肯定，它建立在能力的基礎上。能力是可以比較的，隨時會有人超越你；因此自信的孩子同時要學會謙虛，要懂得人外有人，天外有天。這些都是教育孩子的重要觀念。

信任不等於放任。報上登過一則新聞：有名十五歲的國中孩子一個月手機通話費高達三萬多元。雖然父母付得起，但是一個不事生產、仰賴別人供給衣食的孩子，光打電話就花掉有些人一個月的薪水時，這就是放任。

自由不等於自私，這樣的例子到處可見。在臺灣坐火車原是種享受，既可觀看田園之美，又可免去塞車之苦。但現在，坐火車變成了痛苦的事，因為車廂中手機聲此起彼落，乘客大聲講話，內容大多是言不及義的八卦，完全不顧他人的安寧，把公共車廂當做自家客廳。

自信不等於自負。自負的人在臺灣的學界、政壇比比皆是。我曾聽過一名臺灣最高研究機構的助理研究員拍著桌子說「我說了算！」這種自大狂妄到目中無人，令人愕然。

孩子的個性，大部分是從生活經驗中一點一滴累積形成的，對孩子從報紙雜誌或是電視中所獲得的錯誤資訊，父母要隨時糾正。比如曾經有一段時間，電視上大打一支「借錢是高尚的事」的廣告，對孩子來說就是錯誤的觀念。借錢是件不得已的事，談不上高不高尚，我們不應該鼓勵孩子「寅吃卯糧」。中國人一向勤儉，主張量入為出、自食其力，除非不得已，一般不向別人借錢，這種價值觀才能真正幫助孩子在以後的人生中安身立命。

很多人可能會爭辯說「在美國每個人都借錢」。沒錯，大部分美國人都借錢買房子、買車子，那是因為利息可以抵稅，所以幾乎人人都貸款。但是，借錢是要還的，每個月固定還錢變成信用的表徵。所謂「有借有還，再借不難」，一旦逾期不還，信用立刻破產。信用破產等於人格破產，以後做什麼事都難了。我們如果要提倡貸款，就得把信用破產的嚴重性對孩子講清楚。

教育孩子光是說教是沒有效的，沒有什麼寶典或訣竅，最好的方法就是父母要以身作則，並且隨時糾正孩子的錯誤觀念，那麼他自然會成為一個正直有用的人。

其實也可以說，教育孩子是有寶典和訣竅的，就是給孩子信任，給孩子自由，給孩子自信。說法不一樣，道理是一樣的。

## 言傳不如身教

一位朋友告訴我，過年時，她開車去台中沙鹿的一位朋友家吃年夜飯，在臺中朝馬附近迷了路，看到公車站有一位太太，帶著兩個孩子、拎了大包東西在等車。朋友心想，當媽媽的應該是最可靠的，便停下來問路。這位婦人眼睛一亮，立刻很熱心地告訴她「我帶你去」，然後自己主動打開朋友汽車的後座車門，招呼兩個孩子上了車。這位媽媽指導著朋友開車繞來繞去，最後開到了一處民房處。朋友覺得這地方不是她要到的地方，正驚訝間，婦人下了車，轉身告訴她，她要去的地方在另一個方向。朋友非常驚訝這婦人竟然會為搭便車不擇手段，在孩子面前說謊。

這讓我想起在美國時，有位讀者投稿給報紙，說她去市場買菜，正要倒車時，有位父親帶著兩名八、九歲的男孩採購出來。他們的車子正停在她車子旁邊，其中一個男孩在開車門時太用力，打到了她的車身，凹了一個小洞。

她原以為這位父親會過來道聲歉，想不到這父親沒有任何表示，倒了車子就打算離去，她只好下車理論。這位父親把車停下，搖下窗戶，氣勢洶洶地說：「你要怎樣？這裡是停車場，車子被刮是每天都有的事，叫什麼叫！」她被嚇到了，只好眼睜睜地看著這一家父子揚長而去。

過了不久，她出去辦事回家後，發現車子的保險桿被撞壞了，看看擋風玻璃上無人留條子，又不知是何時何地被人撞的，只好自認倒楣。想不到當晚就有人上門道歉，原來是一對連英語都講不好的新移民夫婦和他們的兒子。這家的丈夫是油漆工人，太太的英語差到她要連聽三遍才能聽懂。原來車子是他們的兒子撞的，撞後心慌便逃回家告訴父母，父母知道後立刻帶著孩子前來賠禮，並留給她他們的保險公司的電話號碼。

她說她很訝異，一個是美國中產階級的父親，一個是英文都不會講的油漆匠，兩人對孩子的教育竟有這麼不同的態度。他們的孩子以後會有很大的差異。

模仿是最原始的學習機制。日本獼猴會把番薯放到水裡洗去泥沙再吃，其他地方的獼猴並不會，因為沒人做給牠看；而如果有一隻獼猴這樣做了，別的猴子就會跟進。所以，動物的模仿學習能力幾乎是天生的，而人類尤其是個中高手。

我們一向認為雞不怎麼聰明，沒有什麼學習能力，但最近的研究報告顯示，雞也可以從錯誤中學習。實驗者讓一組雞學習連續啄綠鍵或紅鍵若干次後得到食物當做獎賞，第二組雞則在旁邊觀看。當輪到第二組雞上場時，牠們很快就學會了啄鍵以換取食物。換句話說，從觀察別組雞的行為中，牠們學會了自己該怎麼做。

雞有這種觀察模仿的學習能力頗讓實驗者吃驚，科學家原以為只有高等的哺乳類動物如靈長類才有模仿的能力，後來發現是我們低估了自然界生物的適應能力。

研究者已在人類大腦中發現有鏡像神經元，專司模仿。古人說「上梁不正下梁歪」，現在已經看到大腦的神經機制，模仿的學習方式在心理學上屬於內隱的學習，內隱學習的神經機制與儲存的地點，都與外顯的學習不同，這就是為什麼中國人說「江山易改，本性難移」。很多習慣是根深蒂固的，即使病患得了失憶症，把外顯記憶都喪失了，但內隱的還保留著。因此，如果我們希望孩子以後孝順我們，自己就必須孝順父母，這種身教的力量是言教所無法取代的。

最近有個報導，一名留美碩士，回國找工作時嫌東嫌西，一直以為自己條件好，工作會自動送上門。四年了，一直沒有找到工作，而與他同時回國交往九年的女朋友最近卻升上副總經理，要跟他分手，於是他開車撞她，而且兩度掉頭再撞，一定要置她於死地。

這件案子最令人吃驚的是，兇手竟然把過錯怪到養育他的父母身上，認為是父母的錯，提供了太優裕的生活條件使他失去奮鬥的意志。員警逮捕他時，從他車上搜出一封信，上面寫著：「我最大的問題是一直沒有辦法自立，三十二歲了連自己都沒有辦法養活自己，我比別人差，你們做父母的責任很大。我們都還在讀書時，你們就退休不努力工作了，子女有樣學樣，變得懶散、不積極。你們根本不應該買房子給我和弟弟，讓我們太早就不學會努力工作……」

先不說碩士生寫的信文詞不通，他把自己好吃懶做的責任怪到父母頭上，雖然讓我們做父母的大吃一驚，但也真該心生警惕，馬上檢討自己是否樹立過壞的榜樣。

孩子生下來時是張白紙，他的很多行為是我們在不知不覺中教給他的。如果孩子虛榮、崇尚名牌，不妨先檢討一下自己平日跟朋友談話時是否三句不離名牌。

有一位朋友很煩惱，說她讀國中、正值青春期的兒子對她講話不禮貌，進出不打招呼，無視她這個母親的存在。她為此而感到痛苦萬分，央求我與孩子談談，於是我約了這孩子出來喝下午茶。

想不到，這孩子說到母親時，口吻竟是非常不屑，他說母親說一套，做一套，表裡不一。客人來時親熱得不得了，客人一走立刻數落人家的不是……聽到這裡我非常驚訝，沒想到這孩子把父母平日的一舉一動都看在眼裡，長大後有了自己的價值判斷時，便開始看不起父母。當孩子行為叛逆，而父母想管教時，他就會表現出

「你也不過如此，不配管我」的態度。很多父母教育孩子的方式是「說一套，做一套」，曾有個孩子對我說：「我爸叫我不能做的事，他自己都在做。」

所以，為人父母者真的要多多注意自己的言行舉止，不要以為孩子小，不懂事，在孩子面前做了許多錯誤的示範，殊不知孩子看在眼裡，不聲不響地把許多壞毛病都學去了。當父母想糾正他時，就會招來孩子的不滿；強要孩子服從時，就會產生親子衝突。

孩子在平日生活中透過觀察與模仿形成所謂的「無意間學習」，這種學習與課堂中特意的教學不一樣，它會直接影響到孩子人格的成長。在現今社會，光用拳頭、棒子管教孩子已經行不通了，父母必須以身作則，贏得子女的尊敬後才能產生教誨的作用。

## 貫徹規矩需要正面強化

「人是理性的動物」和「人性本善」一直是哲學家思辨的問題。羅素就不認為人是理性的動物，他說：「有人說，人是理性的動物，我這一生一直在尋找支持這個論點的證據而未果。」心理學家想出很多實驗來回答這些問題，證明了人不是理性的，時常會因失去理性而犯錯。但幸好人也是很容易接受暗示的，可以彌補一些不理性的後果。

有一個實驗是請麻省理工學院的學生在做實驗之前，先寫下他們在高中讀過的十本書書名，另一組則是寫下他們所記得的「十誡」，然後進行作弊誘惑實驗。結果被要求回憶「十誡」的那組學生雖有機會作弊卻沒有作，不像回憶書名的那一組。令人驚訝的是，只能想出一兩條「十誡」的學生與幾乎寫出十條的學生在行為上沒有差別。也就是說，只要想到某種道德標竿就可以讓人不行騙了。

最令人驚訝的是在第二個實驗中，實驗者在實驗開始之前，先要受試學生在「我明白這個研究是完全遵照麻省理工學院的榮譽制度」的聲明之下簽名，然後才開始作弊誘惑實驗。結果簽署了這項聲明的所有學生都沒有作弊。簽署榮譽制度聲明竟然會有這個效應，真是教人意外。更意外的是麻省理工學院根本沒有什麼榮譽制度，是研究者瞎掰的。

上面的實驗讓我們看到正面強化的作用。

從動物實驗中得知，一種壞習慣即使戒掉了，還會三不五時再出現，只是強度沒有以前厲害，這叫「自然回復」。這時，不要負強化，而要正強化，壞行為才能慢慢消失，好習慣才能漸漸確立。所以在教育上，要先理解人性都是在不斷的鞏固中形成的。好習慣不從小養成，長大了就不容易教，而壞習慣更是養成了就很難改。幼稚教育最重要的在於良好習慣的養成，而不是送去上什麼才藝班。

人不是理性動物，常會貪小作假；但是只要提醒他誠實，並暗示他誠實，就可以對抗誘惑。以前各學校都懸掛著「禮義廉恥」四個大字，每天進校門時看一下「禮義廉恥」這四個字，對學生品德是有幫助的。陳水扁執政時拆下了這四個字，現在有科學實驗證實，它不只是空洞的口號，適時的提醒是有效的，對人格有強化作用。它是前人的智慧總結，現在應該可以掛回去了。

我在美國時，曾經帶幾位臺灣的小學校長去參觀加州聖地牙哥的海洋世界，那裡的海豚表演很精彩，每個小朋友都瘋狂地拍手。表演結束後，一位校長上前問訓練師：「你需要訓練牠們多久牠們才能演出？你的海豚比我的學生聽話多了。」那位女訓練師笑著說：「一點都不難，只要有耐心就可以。我不要求全部，只要牠們做對一點，我就給牠們魚吃，所以牠們一看到我，就立刻做出可以獲得魚吃的動作。一點一點把這些動作連起來，就是你們看到的表演了。」

難怪我們的教學效果不好，我們幾乎沒有在孩子做對時獎勵過他，都是做錯了就處罰他。我們認為做對是理所當然，做錯是不用心，很少人檢討這個觀念合不合理。我們忘記鼓勵才會使學生愛做、繼續做下去，而不是因為怕挨打不得不做，被動的效果當然不好。

# 8 生活處處有教育的好機會

閱讀，甚至逛街都可以讓孩子學到很多，生活不缺教育的契機，有心的父母總能發現、利用甚至創造絕佳的教育機會。

## 閱讀是真正的寓教於樂

《好奇猴喬治》系列套書是美國非常暢銷的兒童書，我孩子小時候我就買給他看了。買時，倒沒有想到什麼教育意義，純粹是因為猴子畫得太可愛了，就把它買回家。念給孩子聽時才發現，每一頁幾乎都可以講出一則故事來。例如喬治看到河裡有鴨子在游泳，就想做艘小船也去水裡玩，他便把送報童托他送的報紙折成紙船，放到河裡去。讀到這裡時，兒子馬上吵著他也要艘紙船。

折紙船容易，找條河流放船困難，最後以家中的浴缸權充河流了事。但是在親子共讀的過程中，孩子一直看到喬治答應的事沒有做到，不但替自己也替別人惹了麻煩。

我問他：「報紙沒有送到訂報人的手上會怎麼樣？」

他那時五歲答不出來，我提醒他：「爸爸早上起來找不到報紙，會怎麼樣？」

「打電話到報社去。」

「報社的人會怎麼樣？」

「再送一份來我們家。」

「那麼對原來送報紙的人會不會生氣？」

「會。」

「生氣的話會怎麼樣？」

「處罰他。」

「對，小猴子不負責任會害別人被處罰。」

我再問：「他不認得喬治，為什麼要把你的工作交給不認得的人呢？他有沒有不對？」

「有。」孩子說。

就這麼一頁，可以討論十分鐘。

全書中幾乎每一頁都可以大大地討論，是這套書最好的地方，寓教於樂。又例如喬治擦別人家的窗戶看人家在做什麼，我問孩子：「這算不算偷窺？」他想了很久，才說：「算。」因為他自己也很喜歡在上學的路上東看西看，甚至趴在別人家地下室的氣窗往內看，他現在知道這是不對的了。

其實，好奇心是所有孩子（包括動物）都有的。西方諺語有云「好奇心害死貓」（Curiosity killed the cat.），即使會送命，貓還是忍不住好奇。但是如何拿捏這個尺度、範圍，就是我們大人要教的。因為好奇和紀律並不違背，好奇是天性，天性可以規範，規範的方式就是教育，教育的外顯就是紀律。我們鼓勵孩子有好奇心，但是一定要讓他先知道什麼可以做、什麼不可以做，否則會闖大禍。當喬治不聽話時，馬戲團的團長就不要他了，因為再聰明的孩子，沒有紀律就不能教，也不能用。

父母要讀書給孩子聽。孩子縱然還小，聽得不是很懂，但是他會知道閱讀是一段快樂的時間，因為此刻父母的注意力都在自己身上。父母念書的抑揚頓挫對他來說就像音樂，他會努力想知道父母在說什麼。努力代表主動，主動會增加他神經迴路的連接，會快速地增加他的辭彙量，方便早日跟人語言溝通。孩子若能正確地表達出他的意思，就可以減少遭人誤解和所答非所問的挫折感（這是全英語教學幼稚園孩子情緒容易受到挫折的最大原因）。

美國的研究者從同一社區中，找到兩組五歲的孩子，父母的教育程度都相似，社會地位也相同。一組是父母在過去的兩年中有念書給孩子聽，而且一週至少五次，另一組則沒有。實驗的做法是請孩子說一個有關他自己生活的故事，如他的生日派對，去動物園玩的經驗等，然後請他假裝念一本故事書給洋娃娃聽。結果發現兩組有顯著的差異：父母有念書給孩子聽的那一組，不但文法程度比較深，用的句子比較長，還會用相關句，而且他們用的「書面語」比較多。

故事書，不論多淺，用的語氣還是與口語不同。比如說，故事書開頭會用「很久很久以前」，而一般說話不會如此。孩子聽多了書面語，不但增加了辭彙、語法量，也比較容易瞭解大人所說的話。故事書中常會用到很多的比喻，如「像玫瑰般的臉頰」「像瀑布般的長髮」，這種口語中很少見，卻可以透過故事內容讓孩子瞭解比喻的用法，增加他對比喻生動性、活潑性的瞭解，同時他也學會可以這樣用，這對他的作文很有幫助。

中國人一向功利，好像做一件事一定要看到成效，其實很多事情不是馬上可以看見成果的，就像人生重要的事，不是考試考得出來的一樣。英國作家高登（Rumer Godden）說：「當你學會閱讀時，你等於重生一次，你再也不會感到寂寞了。」這句話真是對極了，念書給孩子聽，不但創造了快樂時光，增加了辭彙量，還讓孩子能擁有一個永遠不寂寞的工具。這樣一種寓教於樂的形式，何樂而不為呢？

## 逛街也是教育的好時光

最近天氣炎熱，電費又高漲，很多人晚飯後便到地下街去避暑。有一天從捷運出來，看到前面有位媽媽穿著拖鞋，拉著一名三歲左右的孩子在逛街乘涼。我很高興看到這個現象，因為自從電視普及之後，就很少看到大人帶著小孩出來散步，大家都是手端著飯碗、眼睛盯著電視，連嘴裡吃的是什麼都不知道，遑論孩子講的是什麼了。看到漲價能讓全家人重新一起做一件事，也是「將功抵過」。

那名孩子顯然很少出來逛街，對櫥窗裡的東西很新奇，但是媽媽緊抓著孩子的手，嘴裡一直說「沒什麼好看的，快走，沒什麼好看的」。孩子的頭卻一直往回望，依依不捨，令走在後面的我有點不忍心。其實，這個年齡的孩子是最好奇的了，既然穿著拖鞋就不可能是趕赴什麼約會，為何不從從容容地慢慢走，滿足孩子的好奇心呢？臺北人的步調真快，連散步都在趕，失去了散步的意義。其實，好奇心是學習的最佳驅動力，也是創造力的泉源。

父母帶著孩子從從容容散步逛街，隨著孩子的好奇心四處觀看，與孩子談天說地，這不光是親子愉悅的共處時光，更是「實施」教育的大好時刻。大人順著孩子的指點，告訴他關於這個東西的故事。我最早學會不可用手指人家便是三歲時在臺北市的新公園。我看到一名駝背的人，手剛指，嘴剛說「媽媽，你看」，就立刻被母親把手壓下來，從此知道不可用手去指人。逛街不僅是親子共處的愉悅時光，還讓孩子看到很多家裡沒有的東西，教他知識和做人的道理，既活動了身體又教育了他，一石二鳥，一舉兩得，何樂而不為？

## 選什麼書給孩子讀很重要

父母給孩子選擇什麼樣的書，又如何念給孩子呢？其實，圖畫書不一定要很簡單，幼稚園以上的圖畫書就可以編入真正的知識。我們常說不要低估孩子的能力，可以教任何他有興趣的東西，只要不考他、不會對孩子造成壓力就可以。我們大人常常以為他們不會懂，所以不敢教，其實孩子比我們想像的聰明得多。

最近看到一套國外的圖畫書，它的理念正是如此。我在此用它為例，讓父母知道在選書時，盡量選可以延展內容的。比如，這套書中有一本《用鼻子和耳朵看東西》。

一隻粉紅海豚跟蝙蝠說：「恭喜你，你懷孕了。」

蝙蝠很驚訝地說：「你怎麼知道的？我自己也是前幾天才發現的。」

海豚說：「是我的鼻子告訴我的。」

蝙蝠不相信鼻子可以用來看東西，海豚就解釋，牠的鼻子裡有雷達系統，可以透視身體內部。

蝙蝠很興奮地說：「告訴我，是男的還是女的？」

蝙蝠是夜行動物，視力不強，所以牠用耳朵看東西。在醫院裡，醫師替病患檢查用的超音波就是利用蝙蝠聲納的原理製造出來的。

故事說完之後，書後面還有許多父母可以和孩子討論的題目，例如：蜘蛛和蟋蟀用牠們的腳來聽，自然界還有什麼動物不是用耳朵來聽的？海豚和蝙蝠的聽力比人類高出十倍，海豚的智慧比黑猩猩高嗎？盲人是用手來閱讀，熟練的盲人用手可以讀得跟我們用眼一樣快，閱讀一定要用眼嗎？

這本書把每種動物懷孕時間的長短列了出來，例如：老鼠從懷孕到出生只要二十一天，貓要六十天，豬要一一五天，人要二八〇天，海豚要三一〇天，象要六二〇～六五〇天，自然界中有牛、馬、海豚、鯨、長頸鹿、犀牛和大象懷孕的週期比人類長。這些數字讓孩子歸納出一個觀念：體型越大，懷孕的時間越久。為什麼會這樣呢？父母又可以和孩子討論一番。

書中還介紹了主角粉紅海豚的生態環境。牠原是生活在太平洋中的，十四億年前，安地斯山隆起，使亞馬遜河不能再流入太平洋（轉而流入大西洋），粉紅海豚就被困在亞馬遜河中，不能返回老家。

亞馬遜河一年有八個月會泛濫，它的流域很多都是沼澤，要游過混濁的河水、橫七豎八的樹根、樹枝，眼睛是不管用的。海豚本來就有很好的雷達系統，現在牠的雷達系統必須更提高功能，才能安然游過各種障礙物，所以粉紅海豚就演化出所有海豚種類中最精密的雷達系統。這是環境使然，也是演化的真諦。蝙蝠用聲納來偵察，但是不及海豚的雷達系統。

我們看到遠在人類出現之前，地球上的動物就演化出各種看東西的方式，誰說只有眼睛才能看呢？我們教學現在還在推崇標準答案，真是太糟糕了。像這種圖畫書教的是思考方式，告訴孩子：人不見得是萬物之靈，每種動物都有牠傑出的地方，是人趕不上的。

最後，它還給父母一項作業：列出你身邊所有利用超音波及雷達原理所製成的用具，解釋超音波和雷達的不同，及它們如何改變了我們的生活。這道題目足以讓父母上網去搜尋一陣子。

用「地牛翻身」「天狗吃月」來哄孩子的時代已經過去了，我們必須跟著孩子同步成長，將來才教得了孩子。

# 9 嬰兒也有溝通需要

研究表明，孩子的智力跟他在三歲以前所聽到的語言多寡呈正相關。多與你的寶貝溝通，多給一些「肌膚之親」，他們會發育得更好。

## 一歲以前最為關鍵

很多人以為嬰幼兒聽不懂話，就不常和寶寶說話，這是大錯特錯的。

我有一名學生，她與她先生都是博士，她的孩子現在三年級了，不喜歡上學，學習緩慢，上課不專心，缺乏主動性，時時想去田野上跑。她聽到很多有關注意力缺失的故事，便來找我，希望做神經方面的檢查。從遺傳上看，孩子智商應該沒問題，她想知道大腦是否有病變，孩子是否患了過動症。

我聽了她描述了孩子的成長過程，就知道孩子的病根在哪了。

她結婚不久便懷孕了，捨不得剛開始的事業，孩子出生不久便托給鄉下的婆婆帶。不料，兩個月不到，婆婆中風了，無法幫忙，便把嬰兒再轉托給同村的嬸婆帶。嬸婆不喜歡說話，也很少對孩子說話。冬天時，嬸婆把他穿好了衣服，放在門口曬太陽；夏天時，把嬰兒車推到大椿樹下。孩子從小就很乖，吃飽了睡，睡飽了吃，每天看著人來人往，都不吵鬧。這樣一直到孩子要上小學了，才把他帶回臺北。想不到，孩子的狀態既像人們說的過動症，又像孤獨症。

我聽後有點感慨，問她怎麼忘記了一九九五年的那個重要的研究：孩子的智力與他在三歲以前所聽到的語言多寡呈正相關。

這個研究發現：在日常生活中，大多數父母平均一小時跟嬰兒講一千五百字；受過高等教育的父母，平均一小時講兩千一百字；但知識水準低，整天愛看電視，尤其領救濟金的父母，只跟孩子講六百字而已。研究者推算到孩子三歲時，愛對孩子說話的父母已經跟孩子講了四千八百萬字了，而惜話如金的父母，他們的孩子才聽到一千三百萬字，差了三・七倍。

這個研究發現，最重要的時期是一歲以前，也就是一般人認為孩子還聽不懂父母在講什麼的時候最為關鍵。那些認為孩子反正聽不懂，在他們十二個月以前不跟孩子說話的父母，他們的孩子認知能力的發展，比一開始父母就跟他們說話的嬰兒差了許多。當這些嬰兒三歲時，研究者給他們做史丹佛—比奈智力測驗（Stanford-Binet Intelligence Scales），發現孩子的辭彙與他小時候聽到字數的相關係數為〇・六，扣除父母平日掛在嘴邊的「把飯吃完」「快去洗澡」「快去睡覺」這種例行公式的句子，這個相關係數升到〇・七八。實驗者繼續追蹤這批孩子到九歲，這時，他們在嬰兒期所聽到的字數與他們在「畢保德圖畫詞彙測驗」（Peabody Picture Vocabulary Test）的相關係數是〇・七七。這說明：嬰兒期父母和孩子說話的多寡，直接影響到孩子的智力，孩子聽到講話字數的差異就是後來智力的差異。

父母在替孩子換尿布、洗澡和餵飯時所說的話，可以促發孩子大腦中神經元的連接，使他將來在處理資訊、思辨命題上比別人快。所以千萬不要以為孩子還小、不懂事，就不跟他說話。其實，那時候說的話才是最重要的。

那麼，為什麼開電視給他看沒有用呢？一樣是聲音，有什麼不同嗎？研究發現效果不同，如果不是眼睛看著孩子，面對面跟他說話，那些聲音是背景噪音，對孩子神經元的連接沒有什麼幫助。

在神經學上，神經元被重複刺激的次數越多，它們之間的連接越緊密，神經信號發射得越快。這種重複的刺激會改變神經迴路的連接。

孩子剛出生時，大腦神經元的數量其實比他以後需要用到的多了許多。出生後，大腦便開始做修剪的工作，把不需要的神經元修剪掉——所謂不需要就是不曾與別的神經元連接過，單獨一個，發揮不了什麼功能的那些神經元。因此，在嬰兒期聽到四千八百萬字的孩子，神經元的連接當然比只聽到一千三百萬字的孩子密很多，而且不只是多了三・七倍；因為每一個神經元至少又可以有一千個以上、甚至一萬個左右的連接，這種連接的密度是很可觀的。

因此科學家認為，小時候聽父母講很多話的孩子，思想會比較細密，反應會比較快，點子會比較多，在學校的表現也就比較好了。

現在北歐國家都鼓勵父母中有一人在家自己帶孩子，政府甚至補貼費用。臺灣目前只有金門做到這一點，父母在家中自己帶孩子時，社會局每月津貼三千元。

父母帶孩子時，不可把他當寵物，只管吃喝，有空才跟他玩一下，孩子需要父母經常和他說話玩耍。孩子需要教育，他的神經必須做對的連接；而品格更需要長久、一致性的培養，才會成長得好。照顧孩子的人也不能頻繁更換，因為這樣孩子會沒有安全感。

孩子是我們一生最大的投資，沒有任何錢財名譽抵得上孩子的貼心與孝順。要孩子成材，第一步便是把他帶在自己身邊，陪伴他成長。

## 父親參與照顧意義大

最近的研究發現，男人做了父親之後，他的大腦有改變，大腦神經元連接得更綿密。

研究者在鹿鼠的大腦中發現：做父親的公鼠，管學習和記憶的海馬迴細胞增多，大腦中對催產素和血管收縮素的受體也增多；絨猴當父親時，負責計畫、策略和情緒控制的前額葉神經元連接的密度變大，長出新的血管收縮素受體，增加新爸爸的認知能力，使新手父親在覓食時更有收穫。

就人類來說，新手父親身體分泌催產素（oxytocin）這種荷爾蒙的濃度會上升，睪固酮下降。大自然使家中有新生嬰兒的爸爸睪固酮下降三分之一，減少父親的攻擊性，使他變得溫柔，參與幼兒的照顧。研究也發現越早讓父親參與照顧嬰兒，他將來越會是位好父親。

研究者還發現當母親抱起八週大的嬰兒時，嬰兒的心跳和呼吸會減低，孩子會安靜下來；但是當爸爸抱起嬰兒時，孩子的心跳和呼吸不降反升，顯示嬰兒興奮起來了，期待爸爸跟他玩遊戲。父親和母親跟嬰兒講的詞語也不同，父親比較會說有關運動、汽車等母親不常用的辭彙，因為男女注意到的東西及喜好有所不同。研究發現，雖然父親對孩子說的話比較少，但父親辭彙的多寡卻會影響孩子三歲時的語言發展。馬里蘭大學的一項調查發現：低收入家庭的父親因為忙於生計，不太瞭解孩子，不瞭解他們對孩子的影響力，所以常想逃避責任，比較愛用「誰」「什麼」「哪兒」和「為什麼」等簡單的詞語和孩子交流，這也不利於孩子的智力發育。

## 對嬰兒要有「肌膚之親」

小老鼠出生後，母鼠會去舐牠，這個「舐」對小老鼠的大腦和情緒發展有很大關係。實驗者發現，出生六天的小老鼠，大腦中的催產素會因母鼠的舔撫而增加。催產素與哺乳類動物的性行為和社會行為都有關係，如果把小鼠隔離，剝奪牠被母鼠舐的機會，這隻小老鼠長大後會不合群，出現偏差的行為。

那些小時候常被母鼠舔的小老鼠長大後也會是好母親，也會去舔牠的孩子。牠們的大腦對雌激素比較敏感，雌激素會增加老鼠腦中的催產素受體的數量。雖然雌激素會增加催產素，但是只有從小就享受到母愛的老鼠才會大量增加，母親溫柔的照顧會改變大腦對雌激素的敏感度。

如果把藥物打進母鼠大腦，使催產素受體不能作用，那麼一隻原來非常關心子女的「好媽媽」，會因此對自己的孩子不理不睬。這種情況下，實驗者用柔軟的毛筆輕刷小老鼠的身體，也可以產生催產素，就能彌補沒有母鼠的缺陷。所以一隻被生母忽略的小老鼠，如果幸運地有愛護牠的「養母」，那麼長大後也會是「好媽媽」。在育兒上，牠與養母相似而與生母不相似。

其實從猴子身上，我們很早就知道「有奶便是娘」這句話是不正確的，孩子要求的不只是溫飽而已。有一個實驗是小猴子一出生，科學家便將之與母親隔離，單獨在實驗室長大，給予小猴子一個絨布做的「媽媽」和一個鐵絲網做的「媽媽」。絨布媽媽溫暖，但鐵絲網媽媽身上有奶瓶。科學家發現小猴子幾乎所有的時間都黏在絨布媽媽的身上，只有肚子餓時才去鐵絲網母親那兒吃奶，一吃飽又立刻回到絨布媽媽懷裡。冰冷的母親身上的奶瓶並不能吸引小猴子多留一分鐘。這說明，肌膚相觸、溫暖、安全感才是孩子最渴望的。

這個實驗最重要的是第二部分，那些被隔離長大的小猴子，後來的情緒發展和性行為都不正常，牠們無法正常交配。當以人工授精的方式使牠們產生下一代時，牠們竟然會把親生孩子虐待致死，這令科學家震驚不已。科學讓我們看到所謂的天性其實可以被後天的遭遇成全或破壞，產生了我們所看到的心智和行為。

另一個研究發現一一四名早產兒中，母親抱孩子的時間、撫摸的方式，是兩年後影響孩子情緒發展和社交行為的重要因素，有撫摸的和沒有撫摸的嬰兒，生長的速度不一樣。那些被父母忽略愛撫的早產兒雖然也存活下來了，但是到兩歲時做測驗有焦慮和退縮的不正常現象出現。密西根兒童醫院的柴加尼醫師一直認為兒童情緒發展的大腦敏感期很短，情感神經發展的視窗很快就關上了，一旦關上後，補救就很困難。

中國人說「種瓜得瓜，種豆得豆」，父母不要只是拚命賺錢來提升物質生活的享受，應該把時間精力花在孩子身上，給他愛撫、溫暖和安全感，培養他健全的人格。山珍海味只是「穿腸過」，但情緒的正常發展會影響他一輩子。在演化上，只有後代子孫的成功才是你真正的成功，我們不要捨本逐末，忘記生命的真正意義。

# 10 要不要懲罰孩子？

棍棒打不出好孩子，反而更容易把好孩子打成壞孩子。
為人父母，應該懂得不破壞孩子情緒為底線的懲罰才能達到教育的目的。

## 「鞭刑」會抽出好孩子嗎？

前幾年，高雄縣長在國中校長會議上提議學校應該有鞭刑，結果有過半數校長舉手贊成。消息傳出後舉國譁然。

一名年輕女老師拿棍子打學生被家長偷拍到，報紙刊出後，對這本該譴責的事，竟有家長出來聲援老師，認為不打怎麼能成材，贊成老師打學生。

用鞭刑？蓋監獄就好了，要學校做什麼？這實在是本末倒置！

現在，「不良少年校園滋事」已不再是偶發事件。肉腐才會生蟲。我最憂心的是：第一線的教育者居然贊成以暴制暴，沒有去想為什麼一個孩子會成為暴力犯、破壞狂。

前幾天報上一篇文章說，孩子故意不寫功課要氣死老師，因為老師不公平，只喜歡有錢有勢的孩子，專罰衣服骯髒的窮孩子站，所以他不交作業要氣死老師。這固然是孩子幼稚，但是大人是否也該反省一下，為何我們的孩子心中充滿了恨？「民不畏死，奈何以死懼之？」如果根本的問題沒有解決，設鞭刑又有何用呢？

暴力對孩子的身心傷害很大。

有一個實驗，是給一群猴子低劑量的安非他命，觀察結果發現，那些曾在正常環境長大的猴子沒怎樣，但是從小受虐的猴子在注射後，就發了瘋似的攻擊甚至咬死其他猴子。

小時候的受虐經驗會改變大腦腎上腺素和血清素的濃度與敏感度。腎上腺素與驚恐症有關，它會加速心跳，使血壓上升，同時關掉身體其他器官，使血液集中到四肢準備拚命或逃命。

生理反應還會把資訊送到前腦，影響動物對外界的反應與決策。比如，同樣一張面孔圖，正常的大腦看到的是一張微笑的臉，不正常的大腦會看成譏笑的臉，一旦解釋成敵意，就出現不良少年被瞄一眼當街砍殺無辜的事了。

童年的受虐經驗，會增加孩子的攻擊性及不恰當的社交行為，或無情或被同伴排斥。最糟糕的是，使他們容易被毒品吸引。因為毒品的麻痹能減輕他們心中的沮喪、被排斥的痛苦甚至自殺的念頭。

絕大部分行為偏差的孩子來自功能缺失的家庭，如果在家得不到愛，在學校中又被老師嫌棄、同學排斥，就會走上歧路。甚至有的孩子在學校被打，不是犯了錯，而是考試沒有考好。現在國中生的自殘事件時有所聞，發生率在增高，有一名自殘的孩子說：「肉體上的痛苦比起精神上的空虛又算什麼呢？割下去會痛，至少我知道自己還有感覺。」

我們的教育是一種不容許孩子犯錯的教育，孩子一有錯誤輕則挨罵，重則挨打，使孩子每天戰戰兢兢，覺得學校不是快樂學習的地方，而是充滿恐懼的地方。對一個令人恐懼的地方，孩子當然能逃則逃，導致輟學學生的比例不斷增大。

我們是人，一定會犯錯，只要不是品德上的錯誤，就不應該給予太嚴厲的懲罰。因功課不好而懲罰就更不應該，因為孩子可能是發育較慢，尚未開竅。品德沒有問題，只因功課不好而挨打，這是不公平的。鞭刑抽不出好孩子，只能把好孩子打成壞孩子。

## 暴力教育埋下自殺隱患

有一名經常挨打的孩子對我說：「如果人早晚都要死，何不現在讓我死，還可以少挨一些打。」我們能怪孩子要去自殺嗎？

我去中小學演講時，常看到很多孩子手很巧，很會做工藝，但實在不是念書的料，念得非常痛苦。父母以「恨鐵不成鋼」做為自己打罵孩子的藉口。他如果是塊鐵，硬要他成鋼，不是往死裡逼孩子嗎？在一個要求考一百分、重視升學率的環境中，很多孩子是墊底的陪打者，一發完卷子，自己就把手伸出來。但換一種心態，他們可能是未來的魯班、「歌聖」李龜年（唐代著名的樂曲兼演唱家）。

多元智慧的推廣到現在已有一段時間了，大家講的時候都頭頭是道，知道每種能力都很重要，做起來卻依舊是分數掛帥，功課不好的還是被人看不起。被我們放棄的孩子也就常常自我放棄，難怪曾發生過大學入學測驗有考生在國文卷子上寫「我的人生在國中就已經失去了」。因為分數，多少孩子放棄了生命！

我們的父母至今仍心態苛刻，暴力教育無處不在。

我看過一個孩子在幫忙排碗筷時，不小心打破一個碗，因為有客人在，母親沒有當場發作，只是惡狠狠地瞪了他一眼，那個孩子竟然發起抖來，顫聲說：「媽媽，對不起！」我看了好生不忍，這孩子才上四年級，就已經被家人要求不得犯錯，一旦犯錯便是這樣惡劣的態度。人生的路還這麼長，他以後怎麼活得下去呢？聖人偶爾也會出錯，不然怎會說「聖人之心寡過」，何況是孩子。一個碗能值多少錢，孩子也不是故意的，但是有多少父母會順手給孩子一巴掌，還認為他罪有應得。

最近也在報上看到有名國二學生因為沒寫作業，被老師罰請全班同學吃糖，因為學校規定不准體罰，老師就要孩子請大家吃糖以代替懲罰。孩子沒有錢，又不敢跟家裡講，便去超市偷，結果被逮到，上了報紙。

如何既能達到懲戒的目的，又不失教育的真諦，是個值得注意的問題。

我認為第一可以罰勞役。比如讓學生把教室玻璃擦明亮，把學校樓梯仔細打掃乾淨等。因為灑掃本來就是古人教育孩子的方式之一，兒童進私塾就是先從掃地學起，打掃乾淨了，有成就感，帶來愉快，學生容易產生積極心理。

曾有人做過一個實驗，做法是給學生一根蠟燭、一盒圖釘，要學生想辦法讓蠟燭站在牆上。在解決問題之前把學生分成兩組：其中一組學生看一支喜劇短片，孩子們看得非常愉快；另一組看教學短片，比較枯燥。看完後，開始動腦筋讓蠟燭站在牆上。結果，看喜劇的那一組有百分之七十五的學生想到把圖釘倒出來，用兩根圖釘把圖釘盒釘在牆上，再把蠟燭立在圖釘盒上；而看教學影片的那一組，只有百分之二十的人想到解決的方法。這說明，好的情緒有利於學習和思考。所以，懲戒應以不破壞孩子的情緒為底線。

有的老師喜歡罰學生站或是罰寫作業。我認為這不好，掃地比罰站、罰寫作業好。因為罰站對社會沒有貢獻，只是浪費了那個孩子的時間，而且面壁罰站的孩子只是在體會羞辱，很少在思過，如果思，也是在思別人的過；罰寫作業更會使學生痛恨作業，原本就是因為沒寫作業而被罰，再罰寫就更加痛恨作業了。

至於前面提到的罰請吃糖也不是好辦法，因為從根本上講，它沒有罰到孩子，而是罰到孩子父母。孩子還不會賺錢，用的是父母的錢，這樣的懲罰，讓父母的血汗錢沒有用對地方。如果孩子家裡很有錢，罰請吃糖對孩子來說不痛不癢，下次還會再犯；若是像這個孩子沒有錢又不敢跟家裡講，逼上梁山時，就只好去偷，更是錯上加錯。

老師需要知道什麼是最有效的處罰方式，父母也需要知道，這是教育非常重要的一環。

# 懂生命，人生踏實成功

# 如何預防青少年自殺？

如果一個人的天地太窄，那麼發生一點小事就能讓他的天塌了。生命教育是要給年輕人理想。當生命獲得意義後，沒有人會捨得結束。

## 輕生只因天地窄

現在生活越來越好了，可是青少年自殺率卻越來越高，這是怎麼了？

除夕，臺北市瘋狂慶祝，幾十萬人聚集街頭，煙火璀璨，盡情狂歡，但是媒體報導，有不少大學生選在此時自殺。

我的朋友說這個新年是他這輩子過得最忐忑不安的新年，因為他的一名學生發了一封電子郵件給他，訴說曲終人散後的孤單及狂歡後的空虛，流露出自殺的傾向，害得他做了一夜的勸說工作，不得安歇。

我們一直認為小學階段的孩子天真爛漫，無憂無慮，但後來看到一份報告，才發現小學生有自殺念頭的竟然很普遍。這個研究訪談了兩千名臺北市和新竹縣十八所小學四年級的小朋友，竟然發現有百分之二十的人有過自殺念頭，而最近一個月內想過要自殺的也有百分之八。這真是一個非常驚人的數字，每五名學生中就有一名想自殺，而且年齡才十歲，才讀小學四年級而已。

一位朋友的孩子讀小學五年級，因為在家中跟弟弟打架，被父母責罵，就動了自殺的念頭。他半夜起來上網搜尋自殺手冊，被假裝睡著的弟弟發現，告訴媽媽，才及時阻止了一場悲劇的發生。朋友嚇出一身冷汗，天沒亮就來找我求助。

在外人看來，青少年自殺的原因或許十分可笑，但對當事者來說，卻看得比天還重。

我們的教育沒有教會孩子為理想活著，孩子們從小到大奮鬥的目標是耀眼的成績單、一大堆獎狀。孩子沒有一點屬於自己的時間去思考自己的前途，當他們被父母師長的期望壓縮成考試機器時，一旦受到責罵，就會覺得自己沒希望了。

這一代的孩子都很聰明，很會考試，但是對生命沒有熱情，人生沒有目標，導致未老先衰，對一切都沒有興趣，過一天算一天。當一個孩子對什麼都沒有興趣時，他的一切都是被動的，應付生命，虛度光陰。

很多人都說臺灣的孩子不夠成熟，都大學畢業了對自己要做什麼仍不清楚。其實不是他們不上進，而是他們找不到出路，因為教育體制已堵住了他們別的出路，大家只有考試競爭一條道。

有位高中老師說張國榮自殺時，他有一名學生跟著自殺，幸好被搶救回來。這學生說連張國榮都覺得活著沒有意思了，他活著還有什麼意思？一個人的天地太窄，發生一點小事就能讓他的天塌了，這真是可怕！人如果不能認清自己是誰，自然會覺得這個世界多我一個不多，少我一個不少，活著或死去都無關緊要。

生命教育現在最迫切的是給年輕人理想。人生的目的在於實現心中的理想，若是心中無理想，人生自然無目的，醉生夢死當然就成為生活的態度了。

中國從古就有理想主義教育，《禮運・大同篇》的每一句話都是理想主義教育的精髓。如果能把這樣一種理想灌注到孩子內心，孩子的天地就能變得寬廣，小挫小折就不會打垮他了。

韓信可以忍胯下之辱，因為他心中有帝王之志。一九六〇年代保衛釣魚台時的留學生，遊行呼喊「國土可以征服，不可以斷送；人民可以殺戮，不可以低頭」，當孩子壯志凌雲時，他怎麼會輕生？

生命教育很抽象，不易說教，必須靠實踐去體驗，因為經驗會促使神經元連接，神經元連接會形成迴路，變成他的思想。所以，我們必須給孩子一點時間去塑造他自己的品格，找出他自己的定位。站得高看得遠，具有了「天地者，萬物之逆旅；光陰者，百代之過客」的胸襟，就不會因雞毛蒜皮的小事煩惱了。

## 做志工是生命教育的良方

生命教育不應當弄成課程，不應當坐在教室裡學習，它應當是親身的體驗，讓孩子們從生活中體驗生命的價值。

日本東京都教育委員會決定，自二〇〇七年開始，東京的高中生必須修三十五小時社會福祉體驗活動的課程才能畢業，即要求學生必須投入三十五小時做義工才能拿到畢業證書。我覺得這項決策非常正確，沒有實際體驗，對生命的感悟就不會深。讓孩子在求學期間先體驗一下社會百態、人情冷暖，對他是一種重要鍛鍊。

志願服務是非常好的一種方式：人只有看到比自己不幸的人，才知道自己有多麼幸運；看到別人沒有的，才會更加珍惜自己已經擁有的。

最近收到中山女高寄來的「山地服務營隊」學生的心得分享，學生們去山地志願服務，每個人都覺得收穫很大。這些學生本是家中的嬌嬌女，山地服務期間，十五個人擠一間通鋪，只有三間浴室，每個人都得快快地梳洗，因為後面還有人等著用。這些點點滴滴給高一的女孩很大震撼。她們這才知平時在家裡，父母為自己提供了多好的條件，由此對父母心生感激。

有名學生寫道：「自己做了小老師才知道教書的確不容易，以前上課總是不好好聽講，上課發呆，自己上了臺當老師才知道，老師多麼需要臺下學生的目光；以前學校組織玩遊戲總是覺得幼稚不願配合，自己當了主持人才知道，多麼希望小朋友熱烈地配合和參與。」

還有一名學生說，自己以前不喜歡語文，考試總不及格，去山地發現漢語語文的語法與山地話完全不同，為了教山地的孩子學語文，就自己下功夫學習。很快，她發現自己居然不再討厭語文了。

其實生命無時無刻不在教育我們，只要學生有時間到教室外學著體驗生活，生命教育的推行就不難，從每學期志工服務開始做起就可以。鼓勵學生做志工的好處是它啟動了孩子善良的本性。一旦做過志願者，很多人一生都會做志願者工作，不但

## 為什麼心情好身體就好？

神經科學的實驗發現：要幸福僅有善念是不夠的，還須有具體行為，即便只是舉手之勞，大腦愉悅中心的血流量就不同。人從與受助者的互動中使大腦產生多巴胺，得到「自己還有用」的愉悅與滿足的感覺，這種感覺會增進免疫系統，使我們更健康，更能幫助別人。

過去，我們雖然知道心情與免疫系統有直接的關係，但是免疫系統的什麼卻不是很清楚，最近有實驗發現主要是T淋巴細胞和巨噬細胞。這個實驗以法律系學生為對象，因為美國法律系是學士後才去念的，生活壓力比一般大學生大。實驗者在他們皮下注射已被高溫殺死的腮腺炎病毒，看他們身體對侵入物的反應，同時做情緒的調查，即第一天早上來到實驗室，填情緒量表，做情緒反應測量，然後進行皮下注射；下午放學時再來做情緒調查。第二天一早和放學時都得來實驗室做情緒的調查。第三天（也就是注射後四十八小時）到實驗室檢查免疫反應的程度，看是免疫力的什麼在做反應。結果發現好情緒可以啟動免疫系統，其實是巨噬細胞及T淋巴細胞幫助身體抵抗外侮。

他自己的生活充實了，我們的社會也變美好了。

我曾經帶兒子去痲瘋病村服務，當他看到那裡的小朋友鉛筆只剩一寸還要用樹枝綁著再用時，就深悔自己過去的浪費。當人心中有感動時就會開始惜物。這個改變是發自內心的，是主動的，與在父母、師長的嘮叨下而不得不做有著完全不同的效果。他在這次志願服務中也找到志同道合的朋友，因為理念相同，一直保持聯繫，成為人生路上的好夥伴。

我們應該趁孩子天真熱情、不世故時，讓他們接觸不同的人，體驗不同的生活，感受不同的挫折。就像有名志工同學說的：「在臺灣時，愛滋病離我很遙遠，很少會去想到它；但是在異國，當一位媽媽抱著垂死的愛滋嬰兒來我們的醫療團隊求救時，我第一次感到愛滋病的恐怖，一個剛出生還不會爬的孩子就已經沒有明天。」這種體驗是深刻的，目睹生命的流逝對生命教育的意義不是從課本上能學到的。

許多人對「人生以服務為目的」嗤之以鼻，其實這句話是生命教育的外顯。有能力幫助別人，表示我們比別人強，這帶給我們信心；能夠付出，表示我們比別人得到的多，這帶給我們滿意。一個人對自己有信心、很滿意，他就快樂了。古人說「施比受更有福」，就是這個道理。

# 2 培養孩子的溝通力

學會傾聽，理解他人的心聲；學會表達，讓自己被理解、接受。能理解他人同時也被他人理解，人與人之間的心也就相通了。

## 讓孩子學會表達

前幾天我看到一本好書《聆聽火山的聲音》（天下文化出版），大意是火山底下有個村莊，村裡的人說的話每個字都會浮在空中，然後掉落下來。當火山爆發出現隆隆的聲音時，村民聚在一起討論該怎麼辦。有人主張爬到樹上，讓熔岩流過；有人主張做個大塞子，把火山口塞住……大家意見不合，越辯論落下來的字越多，最後在人們中間築起一道牆，兩邊互望不到，溝通就斷絕了。這時，有人試著從別人的角度來想，很快達成共識，共識又形成一座橋，村民在火山爆發前，趕快上橋穿過峽谷，到達了安全的地方。

這雖是一則寓言，意義卻很深刻。它讓我們明白話不可以隨便說，說出來真的會像故事中那樣變成字，浮現在別人心中，長久不忘。我們常看到媒體報導兩人一言不合，進而大打出手。我的身邊也有友人因一句閒話，結下一生難解的結。所謂「良言一句三冬暖，惡語傷人六月寒」，如果說話不經過大腦就脫口而出，往往會使自己追悔莫及。

人與人的溝通之所以困難，在於本質上有道潛在的鴻溝：人只願意聽自己愛聽的話。我們的注意力其實是選擇性注意，情境會偏導我們的注意，使我們只聽到想聽的話，只看到想看的東西。

大腦天生有這樣的設定。人的認知有「從上而下」和「從下而上」兩種方式，前一種是大腦中已有的背景知識，後一種是知覺管道送進來的外界刺激資訊。我們在處理資訊時，「從上而下」的影響遠大於「從下而上」。

有實驗證明了這一點。把一句話中的一個字剪掉，用咳嗽聲音取代，然後播放給受試者聽，請他們寫出所聽到的句子，所有人都能正確寫出。但是告訴他們句子中曾有一聲咳嗽，請他們標出咳嗽出現的地方，則幾乎所有人都做不到。可見，自我的背景知識在思維中很強大，外界的刺激程度總小於原有的常識。因此，要從自己的主觀中跳脫出來，虛心聆聽別人，真是不容易。

在西雅圖華盛頓大學醫學院分子生物發展學家麥狄納（John Medina）的《大腦當家》（遠流出版）一書中，麥狄納認為大腦最重要的功能是溝通、瞭解彼此，而不是記憶。從演化上看，人能從遠古生存下來，主要是因為人類群居，用團體的力量抵抗野獸侵襲。所以，溝通的確是大腦最重要的功能。

瞭解到這點後，我們更應該重視培養孩子的溝通和交際能力。現代社會已經不再是過去那種單打獨鬥、獨力創業的時代了。在團隊裡，想成功要靠朋友的扶持。某些企業連求職介紹信都要三封，表示一個人至少要有三個朋友，不然連工作都找不到。快樂的人容易交到朋友，因為情緒會相互感染，如果跟你相處感覺愉快，別人會高興，你自己受益更多，你會得到更多的扶持，獲得更多能量。

溝通是一門藝術，對老師和家長來說尤其重要。但目前看來，成人和孩子間的溝通並不理想。並非家長和老師不願意與孩子好好溝通，而是沒有能力做到。

成年人不善和孩子溝通的後果，就是導致孩子也不會溝通。

一位臨床心理師對我說，她從業二十年來最大的感觸是現在得憂鬱症的病患增多，孩子變得冷漠，不能理解別人也不善於表達自己的想法，更不能和別人合作，沒有朋友；而且習慣從負面去看人看事，一不如意就自怨自艾。

臺灣第一部腦磁波儀（MEG）在中研院啟用時，請了好幾位美國國家科學院的院士訪臺做這方面的演講，我負責接待，跟他們有較多機會接觸。他們到過中國大陸，和大陸學生有不少接觸，我請他們比較臺灣和大陸學生的差別，他們都說聰明才智不相上下，但大陸學生隨時被叫起來都能侃侃而談，臺灣的學生英語口語表達能力卻稍顯不足，學生常很羞澀，不會表達自己的意思。

這給臺灣教育敲響了警鐘。我們太關注考卷上的成績，太不關注孩子的閱讀和溝通能力了。

新加坡前總理李光耀曾說，二十一世紀的公民必須能快速閱讀，以吸取不斷湧出來的新資訊，更要有正確表達自己思想的能力。新加坡這些年在國力上快速發展，和他們大力改革教育有關。

我曾在南投縣信義鄉的東埔國小看過學生每週三的閱讀口語報告，一年級的報告比六年級的好，因為初生之犢不怕虎。從小多閱讀，多訓練說話，就會對自己有信心。

家長和教師要注意給孩子做出榜樣，尊重孩子，傾聽孩子，讓孩子學會和人溝通。學校應該訓練孩子的表達能力，說話方式是可以訓練的。

人和人之間沒有語言的牆，心自然就溝通了。

## 吵架也是一種溝通

寒假，一個女生自願留守實驗室，不想回家過年。我很驚訝，女孩子怎會不想回家過年？便問她為什麼。她說過年時，在外地的兄嫂們都回來，兩個哥哥家的孩子年齡相差不到一歲，本該在一起愉快地玩，偏偏兩個嫂子都寵愛自己的獨子，唯恐自家孩子吃虧，每次一看到孩子搶玩具，大人就吵得不可開交，吵不出名堂時，就叫她這個未婚的小姑出來主持公道，評斷是非。她順了姑意，就逆了嫂意，裡外不是人，最後兩家人都怪她，令她尷尬不堪。所以她寧可留在實驗室，也不想回家。

其實，父母不應介入孩子的吵架。如果成人不介入，孩子自己會慢慢學會解決問題。當孩子爭吵時，也有一些家長倒是不偏袒，為了安慰別人，就責罵自己的孩子，甚至當眾打孩子給對方看。這也不對，會讓孩子覺得很不公平，很委屈，下次要找機會「報復」，這樣反而不利於他的人際關係。

孩子最難過的就是認為媽媽偏心，不喜歡自己，這種念頭過於強烈，就會造成兄弟不和。

有兩個以上孩子的家庭，父母不可以說「你是老大，讓弟弟一點！」我就看到有個老大某次受了父母責罵，氣急敗壞地坐在地上大哭，說：「你為什麼不把我生成老二！」一凡事公平第一，孔融讓梨是美談，但是這是例外，是例外才會在歷史上被記載。兄友弟恭值得鼓勵，但不能強迫，一強迫就變成不公平。我們希望孩子這樣做，但不要強迫他，謙讓是要在日常生活中慢慢培養強迫不來的，父母得花心思讓他疼愛弟弟妹妹。

孩子吵架也是一種溝通，是成長過程的一部分。我小時候跟姊妹吵完架之後，父親會叫我們反思，想想有沒有更好的解決方式，用這種方法訓練我們的人際關係。母親則叫我們罰站思過，結果罰站時都在思別人的過，心中不平之氣也越想越高，一罰完就立刻再吵一架。所以，罰孩子不是好的方式。孩子在吵架的過程中能學會溝通。因為對方會把本來隱藏在心中不說的感覺說出來，孩子以後就會避免碰觸別人的痛處。我們都有這樣的經驗，不敢與城府很深的人交朋友，因為不知他心裡在想什麼。

我曾看過一個名人專訪的節目，那位名人說他與他太太從不吵架，記者問他太太：「真的嗎？」他太太說：「是的，他從來不跟我說話。」雖是開玩笑，但有幾分真意。夫妻共同生活了幾十年不吵架，除非彼此不講話。不吵架的夫妻，關係很可能十分危險。

這樣看來，適當的吵架也能增進感情交流。

我們不必把孩子吵架看得太嚴重，反倒該利用吵架的機會教導孩子如何處理人際關係，或留機會給孩子自己處理。只要「前事不忘，後事之師」，這個不愉快的經驗就會帶來人格成長，會使他在情緒發展上更成熟。

# 3 性格決定命運

我們都誤以為成功使我們快樂，事實卻正好相反，是快樂使人成功。讓孩子學會不抱怨，好性格將帶來好人生。

## 不抱怨的世界

開學了，又一批新生入學。我們帶新生到礁溪泡溫泉、埋鍋造飯、大灶燒水，過一天童子軍的生活，讓大家彼此認識。

在大家快樂地淘米、洗菜時，我注意到有個聰明、漂亮的女生總是獨自一人。有時她也會走過去加入別人的小團體，但是一轉眼，她又落單了，好像總是不能真正融入其中。吃完飯，大家去散步，我就向一名學生詢問起她的情況。學生告訴我，因為這個女生很喜歡抱怨，大家聽煩了，就都對她敬而遠之。

說起她愛抱怨這件事，我也有所體會。

記得她進實驗室後，首先就跟我要求換椅子，說不符合人體工學設計，坐著不舒服。她還強調，學校有責任提供她安心讀書的環境。

可能她並不認為自己的抱怨有什麼錯，卻忽略了，誰都不喜歡有個人整天在自己耳邊喋喋不休地說這些瑣事。

抱怨就像口臭，自己從來不覺得，但是別人受不了。抱怨的話從我們口中說出來，自己聽到了能紓解心情，別人聽了就會厭煩。人人都願意和快樂、笑口常開的人在一起，因為心情是會傳染的。

不抱怨的心態要從小培養。我小時候，父親要求我們每天記日記並親自查看，一方面為了鍛鍊我們的寫作能力，另一方面是借此知道我們每天在做些什麼。有一次我在日記上寫道：「今天諸事不順。」後來我已經睡下了，父親還是把我叫起來問：「為什麼今天諸事不順？」

我回答他：「放學沒趕上公車，等了四十五分鐘才來了一輛。因為有一輛公車壞在半路，所以這趟車上擁擠不堪。我被人踩到腳，白球鞋要重刷鞋粉，不然沒法通過學校檢查；書包帶子也被擠斷了，我只好抱著回家。」

父親問：「早上去上學時趕上公車了嗎？」

我說：「有。一出巷口車就來了，到校還有十分鐘空檔。」

他又問：「今天便當丟了嗎？」（早年臺灣物資匱乏，去熱便當時常常會丟失，便當主人只好餓肚子。所以父親有此一問。）

我說：「沒有。」

「被老師懲罰了嗎？」

我說：「沒有。」

父親就正色說：「那你為什麼說諸事不順？你總是記得不好的事，不記得好的事，這樣會使你變得尖酸刻薄，沒人會喜歡你。」

很多人都有個壞毛病——把不順利的事無限擴大，卻把順利的事視為理所當然，一遇到不如意就抱怨。大家都不想和怨天尤人的人交往，其實這種情緒上的選擇具有演化目的。

心理學研究表明，負面的情緒會激發出爭鬥的思考方式，這種思考方式會使我們只看到缺點，看不見優點。就像當我們討厭一個人時，會集中注意力挑他的毛病，哪怕只是一點點小毛病，都將之在腦海中放大，最後變成「十惡不赦」的大錯；相反，愉悅的心情會使人不計較小事，心胸變寬廣，增強創造力，而且，記憶力也會提升。研究發現，心情好的時候解字謎或解答問題都比較快，即使暫時解不出來，也有耐心堅持下去。

## 快樂使人成功

中國人說「相由心生」，心情可以改變相貌，但是實體的東西怎麼會因為一個抽象、看不見的東西而改變呢？

這是個很有趣的問題。

匹茲堡大學醫學院的研究者做了仔細的研究，他們找了三三四名十八～五十四歲的受試者，自願到實驗室感染感冒病毒。在感染前，受試者先做身體檢查，確定沒有任何疾病。然後找出身體中已有的抗原體，並接受社會性人格（外向與親和力）的測驗：詳細報告他與配偶、親人、朋友、同事之間相處的情形，以瞭解他的人際關係網及社會支持網的強度。

實驗者觀察受試者在隔離室中五天發病的情形，將主觀（受試者自己的報告，如鼻塞、流鼻涕、打噴嚏、咳嗽、喉嚨痛、頭痛等嚴重情形）及客觀（身體中抗原的多寡）的資料與各個變項求相關。

實驗結果表明，那些與配偶關係差或缺少朋友的人，免疫力較夫妻恩愛、人際關係良好者差。此外還發現，過分害羞的孩子得花粉熱的比例要比不害羞的控制組高。研究者在做出各種統計的迴歸分析後，最後的結論是：掌管社會性人格的基因，同時也在身體的免疫力上扮演重要角色。外向、樂觀、善交際的社會性人格可幫助人體抵抗病毒。

這個結論雖然令人驚訝，但很有道理。人要在大自然中生存下去，必須靠團體的力量。人要保存自己的基因，必須學會與他人相處，以求得安全感。

有一個故事，某主管不能決定晉升甲乙哪個員工做店長比較好，就打電話去問：「請問你們的營業時間是到幾點？」甲回答：「我們九點打烊。」乙回答：「我們開到九點。」結果他升了乙做店長。這說明，正面看事情的人在事業上更容易成功。

正面情緒可開闊我們的視野，提升我們的智慧，增加我們的人脈和容忍度，讓我們比較能接受新的想法和經驗。

一些研究人員先給二七二名職員做正面情緒的測驗，然後追蹤他們十八個月內的

## 什麼決定人的快樂度？

在大腦中負責把外界經驗解釋為自己感覺的部位叫腦島（insula），在功能性核磁共振的實驗中，被稱讚、幫助別人解決困難時，大腦這個部位會活化起來。

快樂不是客觀的條件，是主觀的內心感覺，它是因對自己或他人的加值而從心中自然產生的感覺。例如，在路上撿到一百元，對豐衣足食的人而言，連買個像樣的便當都不夠；但對饑寒交迫的人來說，至少可以維持三天的溫飽。同樣一百元，兩人的快樂感覺就不一樣了。

快樂還源於「比較」。在腦造影實驗中，給受試者看名車相片時，與他看雜牌車時大腦活化的地方不一樣。因為腦島是動機驅力的所在地，只要沒有想要的欲望，就不會有得不到的苦惱，即人們常說的「沒有比較就沒有煩惱」。

有一則笑話：某甲向老闆要求加薪不成後，憤憤地說：「這樣吧！既然公司營運不好，不能加我薪，那麼你把乙的薪水減少一點，我就甘願了！」也就是說，薪水多少不是問題，只要我比你多就可以了。這是人愛比的天性。知道人性如此，不去跟別人比，快樂就自然產生了。

工作表現，結果正面情緒分數高的人，老闆的滿意度較高，薪水也拿得多。澳洲的一個研究也證實，快樂的人比較容易找到工作，薪水高，表現也好。

我們都誤以為成功使我們快樂，事實上卻正好相反，是快樂使人成功。西方諺語說：「智者不因匱乏而生悲，而能因知足而喜樂。」中國人則有更高境界的「不以物喜，不以己悲」。不論中外，快樂都是人生美滿的標竿。

# 4 金錢買不到的教育

不少家長用錢來刺激孩子學習，這真是大錯特錯！那麼，用什麼來刺激呢？答案是「好奇心」。

## 給孩子錢不是好獎勵

很多人都相信金錢萬能，中國不是有句俗語「有錢能使鬼推磨」嗎？但是實驗的結果卻不支持這句話。

這實驗是請學生盡快用滑鼠把電腦螢幕上的圓圈拖曳到一個正方形裡，每拖曳一個圓圈，第一組給五毛錢，第二組給五分錢，只有第三組是被請求參加實驗，沒給任何報酬。結果第一組在五分鐘內拖了一五九個，第二組一〇一個，第三組卻拖了一六八個。

從這個實驗中，我們得到兩個結論：第一，無報酬的請求幫忙效果可以和給付金錢的一樣好；第二，錢並沒有像我們想像的有那麼大動力，給得不合適，效果也不好（如第二組的成績）。

另一個實驗也驗證了這點。

二〇〇五年，美國四位經濟學家和卡內基美隆大學（Carnegie Mellon University）實驗人員接受美國聯邦儲備銀行的委託，去印度測試外在誘因，尤其是金錢對績效的影響：是否薪水越高，表現越出色。

他們把八十七名印度人分成三組：一組付四盧比（相當於當地一天的工資），另外一組付四十盧比（相當於兩週的工資），第三組付四百盧比（相當於五個月的工資），請他們做九種作業，如記憶數字、解字謎、擲飛鏢，達到某個水準就可以領錢。結果發現，拿四十盧比的人表現得並沒有比拿四盧比的好，更令人驚訝的是，拿四百盧比的人表現最差，在九種作業中，有八種低於其他兩組。

研究者深感不解，不是「有錢能使鬼推磨」嗎？為什麼不靈了？

二〇〇八年，兩位瑞典經濟學家把一五三名捐過血的人隨機分成三組，請他們捐血。第一組沒有酬勞；第二組可以得到五十克郎的報酬；第三組也有酬勞，但是可以選擇把錢捐給兒童癌症中心。結果第一組有百分之五十二的人願意捐血，第二組只有百分之三十，第三組有百分之五十三的人願意捐血並把錢捐出去。

這幾個實驗都顯示金錢非但不是萬能，有時反而誤事。捐血本來是高尚的利他行為，但是一拿錢就變成賣血了。如果捐血可以幫助癌症兒童，人們又都願意做。人在吃飽穿暖以後，對精神層次的要求是高於金錢的。

另一個實驗是請學生把一組字重新排列成一個有意義的句子，第一組成員的字重組成「冷天」等中性的句子，第二組的字組成「高薪」等與金錢有關的句子，然後要他們拼一幅很難的拼圖，拼不出來時可以請求幫忙。結果「冷天」組三分鐘就求助了，「高薪」組堅持了五分半鐘才求援。

做完正要離開時，有人（另一實驗者假扮的）不小心打翻一盒粉筆，「高薪」組的人視若無睹，沒有幫忙撿。

很明顯，金錢固然使人自立自強，卻也使人不願幫助別人。人一被金錢浸染，就變得自私自利了。

現在很多家長用錢來獎勵孩子，實在不是好辦法。除了不能讓孩子在學業上長久保持出色，在道德上也會降低他們的認知。

## 錢和快樂不成正比

有一天在臺北街頭看到人們排起一條長龍買「樂透」，我很不解，樂透的中獎率比遭雷擊還小，為什麼還有人買呢？

早在一九七八年，西北大學布里克曼（Philip Brickman）的研究就發現，中樂透獎並不會使人更快樂，如果不是通過自己的努力換來報酬，就要不斷尋求更多報酬才會維持相同程度的快樂。

古人說「人為財死，鳥為食亡」，如果錢能使人為它送命，為什麼又不能跟快樂畫上等號呢？錢對大腦的意義是什麼？

很多人以為有錢就快樂，其實不見得。

有人做過這樣的實驗：電腦螢幕上出現一個三角形，受試者只要按鍵逮住這個三角形，螢幕右上角就會出現一美元的圖像。實驗做完後，這名受試者可以拿到那些報酬。另一組是一模一樣的情境，只是必須得用滑鼠把這一美元的圖像抓到螢幕下方的撲滿裡。實驗者同時掃描受試者的大腦，結果發現自己動手把錢從螢幕上放進撲滿一組的人，大腦快樂中心的血流量增多，表示快樂的程度更高，比不勞而獲更能引發紋狀體活化，帶來快樂的感覺。

這讓我們看到，同樣是得到報酬，但用自己勞動賺到錢的比別人給的，雖然數量一樣，大腦快樂中心活化的程度卻不一樣。另有一些心理學實驗已表明，只有挑戰性與新鮮感會帶給我們持久的滿足感。滿足不是目標的達成，而是達成目標的過程，沒有意義的快樂不能持久。

很多家長自己在小時候受過貧窮之苦，為了使自己的孩子快樂，就拚命賺錢，給孩子很多的錢，讓他們不需要奮鬥就有錢花。這樣做其實正是消滅了孩子的幸福感。

錢和肥料一樣，用得對，可以長出豐碩的果實；用太多，會澆死植物；捨不得用，只會越堆越臭。過去經濟學認為工作是負面，金錢是正面，現在發現正好相反，工作恰恰是保持身心健康最好的方式之一。不勞而獲的東西不會長久，流過汗水的果實才最甜美。

這個道理不僅體現在教育上，也體現在社會管理上。

最近臺灣為挽留一些先前從海外回來，現在卻又紛紛移民海外的學者，提出學術界彈性薪資，最高可到年薪三百萬的計畫。雖然立意良好，但若配套措施沒做好，則會變成「二桃殺三士」，反而不美。要知道，許多人回臺教書並不是為了錢。臺灣目前教授的薪水雖然比不上國外，但是溫飽無憂。與其用錢挽住人才，不如改善科研環境，如改善計畫報賬流程，使教授覺得受尊重，不被一些小事情破壞心情，能把時間能花在研究上。金錢對知識份子並不是最好的驅動力。使命感、生命的目的、人生的意義比金錢更重要。

許多實驗顯示，加薪不足以提升員工的向心力，必須有更高的社會理想，讓他們覺得他們的任務比薪水更有價值才行。這個價值就是社會對他們的尊敬。

要防止醫師開不必要之刀，必須提升他們對自己專業的使命感和榮譽感；要讓教師對學生負責，也要提升他們的職業榮譽感。

真正使社會向前發展的是榮譽感、責任心、自我期許和成就感，金錢其實是最難激勵人心的方式，它遠不及這些有效。

## 對孩子來說比錢更有效的獎勵是什麼？

不少家長用錢來刺激孩子學習，這真是大錯特錯，那麼，用什麼來刺激呢？答案是「好奇心」。

人的好奇心到底有多強，實驗可以告訴我們。

有一個實驗，是讓大學生躺在核磁共振儀中，讓他選電腦螢幕上同時出現四張圖片中的一張，如果選對了，就有一英鎊的報酬。受試者一開始不知道該選哪一張，只好隨意猜測，但是很快就發現選某些圖片有錢，某些圖片只是陪襯，於是，他會選有錢的。

當受試者學會後，實驗者開始讓有錢的圖片和不曾出現過的新圖片一起出現。一般來說，受試者應該選他確定有錢的圖片，因為實驗者已告訴他，在實驗中所賺的錢會兌現現金。但很奇怪的是，他們寧可少賺一英鎊，也要去選不曾看過的圖片。實驗者在他們做這個決定時掃描大腦，結果發現前額葉皮質下的紋狀體大量活化起來，這個地方是大腦追求報酬和愉悅的地方。

好奇心是人類文明的原動力，是與生俱來的能力。英文諺語說「好奇害死貓」，但是貓即使送了命，也壓抑不住牠的好奇心，因為探索本就原是演化而來的求生功能。

更有實驗顯示猴子在沒有利誘的情況下，會孜孜不倦地去開一道鎖，即使鎖解開了，門後面並沒有食物，猴子仍會不停地嘗試，只因為那是牠以前沒看過的東西。所以著名的心理學家哈洛（Harry Harlow）說：「學習不是為了報酬，促使一個人學習最好的方式是激發好奇心，引發動機，讓他為了求知而去求知。」

後來的實驗更進一步證實了這一點：一隻饑餓的猴子在學會複雜的選色作業後，密閉的窗戶就會打開，讓牠看三十秒外界的景色。其中一扇窗戶外面是一盤水果，另一扇窗戶外面是一部一直在鐵軌上繞圈子的玩具火車。實驗者發現，猴子雖然也會貪婪地望著水果，但是更會選擇火車的視窗，只因為牠沒有見過會自己動的火車。在這個實驗中，玩具火車是摸不到也玩不到的，看一眼純粹只能滿足猴子的好奇心而已。

最讓我感動的好奇心是孟東籬（臺灣已故文學作家，素有綠色生態作家稱號）所寫的一隻小貓：牠被人下毒快要死了，嘔吐了一地，奄奄一息，孟東籬不忍心，把牠抱到太陽曬不到的陰涼處，這隻小貓趴了一會兒，歪歪倒倒地站起來，想走進家門內死在裡面，半路上突然看到一顆以前不曾看過的小石子，好奇地伸出已不太靈敏的爪子去玩了一會兒小石頭，才倒地抽搐而死。一隻毒發快要死的貓還會對新奇的東西有興趣，這個好奇心太偉大了，它帶給動物的生生之意讓人感動。

自從看過孟東籬這篇文章後，我不再管束兒子的好奇心，他要玩什麼、摸什麼，只要沒有危險，我都盡量滿足他。其實，孩子的好奇心不用刻意培養，你不去處處限制他，他自然有好奇心，就像人天然喜歡錢一樣。

如果我們能讓孩子把注意力放到對知識的好奇上，而不是讓他去惦記錢，他的學習一定會很出色。好奇心不但是創造力的原動力，還是人生存的基本動力；沒有它，就沒有人類的文明。

# 5 閱讀讓孩子全面成長

閱讀不只是為了學習，更能培養孩子的信念和品格；閱讀不只讓孩子體會閱讀中的樂趣，更能讓孩子受用一生。

## 童話有什麼用？

有一次一位家長問我：「為什麼要給孩子看童話書？又貴又沒用，童話都是假的，現在的社會爾虞我詐，為什麼不早一點教孩子認識外面的真實世界？」另一位家長也說：「為什麼要花錢去買這個聯考不考的東西給孩子？既然人生苦短，時間寶貴，為什麼不直接教有用的東西？」

我想最好的回答是引用英國作家契斯特頓（Gilbert Chesterton）的話：「童話比真實故事好，不是因為它告訴我們火龍存在，而是它告訴我們火龍是可以打敗的。」

中華民族是個講究實際的民族，什麼東西都先問有什麼用，其實很多用途是當時看不到，後來才慢慢顯現出來的。童話故事也是一樣，它開啟孩子的想像力，給孩子正面的人生態度。

在童話世界中，壞人再怎麼狡猾，最後一定作繭自縛。孩子在邊看童話書時，就邊把好壞是非的觀念吸收進去了。而且正如賈斯特頓說的，童話讓孩子知道，壞人是可以打敗的，只要堅持下去，好人一定會贏。這種正面的人生觀對孩子的未來比課本知識更重要。

家長總要告訴孩子一些道理，然而父母若是說教，孩子無不厭煩，但是通過講故事，感同身受，就吸收進去了；而且故事是有脈絡的，有脈絡就有條理有組織，就容易記得住。記住的東西對孩子才會有作用，再偉大的知識記不住也是枉然。

童話可以發展想像力。想像力是創造力的根本，而創造力是現代企業競爭的重要條件。其實，想像力的好處不只是功利上的，它還可以自娛自樂。我們小時候沒有電視，常要父親帶我們去看電影，父親就說，最好的娛樂在我們的腦海裡，只要會想像，三江五湖九大洲都一日往返。

故事也有開導的功能。有個孩子對我說，他以前每逢寒暑假心情就不好，覺得寂寞。後來媽媽給他看了一本小說《第十四道門》（皇冠出版），他才瞭解寂寞是自己找的，人可以靠自己去排解寂寞。

這個故事是講一個小女孩搬到新家後很無聊，父母又忙，不能陪她，為了幫她打發時間，便叫她去數新家有多少扇門，多少扇窗。她發現有十三扇門都可以通到別處，只有一扇門通不到任何地方。有一天，她打開這扇門後進入了另一個世界。在另一個世界中，也有像她父母的人，她叫他們「另一個爸爸」「另一個媽媽」。另一個媽媽燒的菜比較好吃，卻要吸取小女孩的靈魂，把她關在玻璃彈珠中。小女孩勇敢地跟另一個媽媽鬥智鬥勇，逃了出來。回到真實世界後，小女孩發現還是自己的父母好。像這樣的故事達到了娛樂的目的，發揮了孩子的想像力，也達到了教化的目的。

人生很長，課本教的東西派得上用場的其實很少，但是給孩子信心，知道火龍是可以打敗的，困難是可以克服的，這個正面的人生態度比考一百分更重要。

## 讀好書培養好品格

臺灣最近弊案連連，貪的都不是小錢，而是上億的資產，一般老百姓十輩子都賺不到這樣的錢。尤其值得警醒的是，貪的人都不是沒有知識的人，他們是臺灣的精英，是最優秀學府教育出來的人；因此，我們必須檢討我們的品德教育哪裡出了錯，為什麼高級知識份子有著低級道德標準。

品德培養必須從小做起。光背課本是背不出好品德的，孩子除了從日常生活中，觀察他人行為，潛移默化而來，還有一條重要的品格養成管道——讀好書。好書有很多種，經典小說就是重要的一種。

例如，在美國，八年級的學生必須讀《梅崗城故事》（遠流出版）。這是發生在美國南方，無辜黑人因被誣告強姦一名白人女子而被吊死的故事。老師在學生閱讀後會提問，比如書中那位替黑人羅賓遜辯護的白人爸爸，他的孩子吉姆和他的妹妹在學校受到同學嘲笑，說他們愛黑鬼，但這位爸爸說：「如果我不替他辯護，我就沒有辦法抬頭挺胸做人，也不能代表本郡出席州議會，更沒有資格教訓你們。」

老師會提出問題，要學生從書中去領悟，一個人為什麼應當走他自己認為對的路，不管這條路多麼荒涼多麼崎嶇。因為人最後面對的是自己，人對自己的評價將決定一生的成敗，這與財富、地位無關。學生從父子對白中瞭解父親若是做了不該做的事，孩子會不服從父親，父親也不敢要求孩子聽他的話。

作者借父親的口告訴孩子：人一生中，至少要做過一件值得驕傲的事，人一定要看得起自己，才活得下去。這些道理本來很抽象，但是透過故事情境，孩子就瞭解了在社會上做人的道理。

又如作者借黑人管家的口教訓孩子：「不管這個人是誰，他一腳跨進這間屋子，就是你們家的客人，你就要以待客之禮待他。看你對待客人的樣子以為自己有多了不起，你們家的家境也許比康家的好，可是你不能因此而看不起人，如果你不能在飯桌上有禮貌，你可以在廚房裡吃！」孩子從故事中瞭解了為什麼以財驕人是不對的。

中國的傳統文化認為：「忠厚傳家久，詩書繼世長。」這句話重點說了兩點：一是家教重要，二是讀書重要。讀書更能讓人變得忠厚，那些因弊案被檢方控告的人，他們如能多讀一些教人如何做人的書，就不至於貪得無厭了。

「見賢思齊，見不賢而內自省」，品德的形成是一點一滴在無形中形成的，目前社會的不公不義對孩子是很壞的示範。很多老一輩有操守的人，在成長的過程中既目睹了好的示範，又讀了很多好書，打下良好的人格基礎，也打開了人生的視野。

清朝顏元（顏習齋）說：「惡人之心無過，常人之心知過，賢人之心改過，聖人之心寡過。」先人以「手不釋卷」來修煉人生，可現在孩子「手不釋卷」的是考卷的「卷」，我們要憂心了。

另外，不要把孩子培養成書呆子。現在資訊太多，社會很亂，而孩子很難判斷是是非非。家長若是希望孩子有基本的「街頭智慧」（street smart），不要光是用嘴對他講應該如何，最好的辦法是念報紙給孩子聽，從社會新聞的實例中，讓孩子看到人間百態，再給一些分析點評，讓孩子知道什麼是對的，什麼是錯的，什麼是要防範的，這也是閱讀的收穫。

## 閱讀幫孩子安度青春期

「如果人生可以重來，我希望跳過青春期。」一九九八年美國心理學會喬治米勒獎的得主、暢銷書《教養的迷思》及《基因或教養》（商周出版）的作者哈里斯（Judith Harris）這樣說。

為什麼一位專門研究青少年發展的心理學者卻不喜歡青春期呢？因為那是一段尷尬的年齡，半大不小，還不是大人卻已不是小孩，體內荷爾蒙大量湧出，使得情緒不穩定，身體開始變化，第二性徵出現。但是這些外表的改變都不及大腦內的改變，青春期時神經迴路密集的與別的迴路連接，心智開始開竅了，過去聽不懂的話，現在開始有意義了，知識開始組織成有條理的脈絡。

一切都是迅猛成長，卻還沒有完全成熟，青春期對很多人來說是個青澀難捱的生長期。

因為青春期是人格形成的關鍵期，十四歲的少年血氣方剛，大腦尚未成熟，但是拳頭已足以打死人，若在這個時候沒有大量的閱讀使之學會換位思考，學生會因一時衝動而做出後悔一輩子的事來。所以外國各所學校莫不在這段時期要求孩子大量閱讀。以美國為例，他們的學校從八年級開始，社會科一學期要讀十四本書，學生要從書單中，每一個宗教、每一個種族，任選兩本書來讀。

為什麼單挑閱讀呢？因為閱讀是把別人的經驗和智慧內化成自己的最快方法，人生有限，而知無涯，當我們無法去經歷世界上所有的事情時，最快的方式是通過閱讀，將別人的知識內化成自己的。

除了生命有限之外，另一個原因是我們對外界資訊的解釋是通過後天認知的解釋，先要有背景知識才能對事情有正確解釋。錯覺的產生，就是因為大腦對視網膜送上來的正確資訊做了後天認知的調整。

例如圖片中的三個人原來一樣大小，但是如果在兩旁加上輻輳（或放射狀）的線條，使第三個人看起來較遠時，遠的人看起來立刻就比近的人大了，因為大腦知道如果遠的人與近的人一樣大時，遠的人應該更大，這是過去經驗的結果，這個經驗的認知會強過我們的理智。因此，明知三個人一樣大，大腦還是會告訴你遠的比較大，錯覺就這樣產生了。

青春期必須大量閱讀的另外一個原因是——青春期是「成年」之前的最後一個階段。現在實驗上已知，你所讀的書、你的經驗、你的一舉一動、一言一行，會影響到你所做的決定，這些決定累積成你的人格，最後塑造成現在的你。過了青春期就被當做大人看待，因此必須盡快地充實自己的知識，培養出關鍵性思考及獨立判斷的能力。青春期智慧已開，可以瞭解作者在書中所要表達的意思，大腦逐漸成熟，書中先聖先賢教導我們做人做事的道理，會逐漸形成我們的人生觀與價值觀。

青春期閱讀的另一個好處是它可以幫助紓解情緒。著名作家黃春明先生曾說他第一次離家到臺北念師範時，因年幼被人欺負，又舉目無親，晚上常躲在被窩中哭泣，伴他度過這個時期的就是小說。他去圖書館大量閱讀各國文學小說，看到《塊肉餘生錄》《悲慘世界》等世界名著裡主角的遭遇，再想想自己遭人欺負又算得了什麼呢！就這樣，靠著書本紓解了心境，穩定了情緒。又因為大量閱讀，豐富的背景知識和從書中得來的人生體驗，使他後來成為著名的作家。

閱讀是教育的根本，而青春期是閱讀的最好時機，錯過了非常可惜。正像唐朝顏真卿所說：「三更燈火五更雞，正是男兒讀書時，黑髮不知勤學早，白首方悔讀書遲。」

## 閱讀可防治孩子過動症

許多學校都在學期結束後，立刻辦研習會或工作坊，請老師把這一年的教學心得做個總結，在檢討中求進步。在這些教學檢討中，最常聽到的一句話便是「班上過動兒增多了」。

這是很奇怪的事，以前沒有這麼多患過動症的孩子，為什麼現在每個班都有一兩名，最多居然可以到四名呢？

真正的注意力缺失和過動（ADHD）是大腦裡神經傳導物質的不足，它有生理上的關係，只是極少數人才會發生，不會突然增加很多。這表示有一部分疑似過動的孩子，其實是假性的注意力缺失和假性過動。

仔細觀察發現，這些假性過動的孩子都有一項特性——不喜歡閱讀，絕大多數是電視迷。他們小時候很少被父母抱著親子共讀，很少安靜地坐下來完成一件事。

看電視時，雖然也是坐著，但是電視畫面是不停閃動的，一秒鐘有廿四到廿六張圖片，靠著眼睛的視覺暫留使它串成連續的影像。會動的東西會吸引我們的注意力，動得太多，兩分鐘超過十次的拉近鏡頭、剪接或轉換鏡頭會使大腦工作過量而疲累。圖片一次帶給我們很多的資訊，使我們無暇思考細節是否合理，我們隨著影片跳換的速度在吸收資訊，若是一停下來思考，後面的資訊就忽略掉了，這不像閱讀是隨著自己理解的速度進行，隨時可以停下來想，還可以「倒帶」回溯到前面不懂的地方。

閱讀的好處是，它培養孩子的專注力。閱讀是主動地接受資訊，操之在己；看電視是被動的接受資訊，操之在人。如果比較看書或原著改編成的電影，看書得到的資訊更多，而且看書是發揮自己的想像力，看電影則是被動接受導演的想像力，它會鎖住孩子本身自發的想像力。所有的研究都指出，「電視保母」對孩子的發展不利，許多假性過動兒都是「電視兒童」。

把孩子抱在身上，在他坐得很舒服時，先念短短幾分鐘的故事書給他聽，用手指著字，一個字一個字地讀下去，訓練他專注於書本的能力，然後逐漸拉長時間，從五分鐘到十分鐘，再到十五分鐘，最後到三十分鐘。當孩子可以安靜地坐在你身上聽三十分鐘故事，不會爬上爬下吵鬧時，你就可以放心他不是過動或注意力缺失了，只是過去沒有培養出他的專注力而已。

最近去了一所偏遠小學，看到了「沒有不可教的孩子」這句話的實證。

這個孩子從小跟著外婆在山裡長大，除了大自然沒有什麼別的外在刺激，進了小學連「不然」「反正」等比較書面一點的用語都聽不懂，不會數數，更不會寫1、2、3、4。最糟糕的是坐不住，老師說要他坐下只有用繩子綁著才有可能，但是即使綁著，一不留神，他連椅子也一起搬起來，跑到操場去了。因此，這個孩子被貼上「過動、注意力缺失、智障」的標籤，送到「資源班」去了。

他每天都來上學，因為實在無法讓他靜坐下來，老師們都放棄了。後來換了一位新校長，校長發現這孩子的兩隻眼睛滴溜溜地轉，很伶俐，動作很快，懷疑他不是智障而是文化刺激不利的弱勢孩子，就開始教育他。每天早上把他叫到校長室，替他洗手洗臉後，就抱在腿上讀書給他聽，讀完一本書就可以吃三塊餅乾，如果讀書時不扭動，餅乾加倍。孩子很快就學會了安靜地坐在校長腿上念書，一天念一點，時間慢慢拉長，他就坐得住了。

校長用這個方式逐漸把孩子帶進書的世界，孩子的辭彙豐富了，上課也聽得懂了，開始不像以前那樣好動了。校長又想辦法彌補他文化知識的不足，帶他去臺北坐捷運、搭公車，告訴他車有火車、汽車、大卡車等等；帶他去動物園，讓他看到動物有獅子、老虎、大象，不是只有山裡那些猴子。她用鼓勵的方法讓這個孩子喜歡上學習，現在這個孩子五年級了，已經回歸到主流班，各方面功課都不遜色於其他同學了。

天下事，只要用心，腐朽可以化為神奇。

我們的幼稚園和學校都太鬧太吵了。現在越來越多幼稚園的孩子聲音沙啞，聲帶壞了，失去了童聲的甜美。孩子遊戲時跑跳喊叫是很自然的事，但是喊到聲音沙啞就要干預了。噪音對別人、對自己都是傷害。這個跡象，和孩子在家庭中沒有得到良好教育有關，這種孩子進入小學後，就變成老師的頭痛人物。因為課堂需要維持紀律，不可隨意站起來走動或大聲說話；而這些孩子總是給老師找麻煩，就被認為是過動或注意力缺失，這對孩子是一輩子的傷害。

不論社會多麼的民主開放，人們對與自己不一樣的人仍然會以歧視的眼光看待。所以在孩子小時候，盡量養成閱讀的習慣，不但可以啟發他的智慧，將求知欲內化成人格的一部分，也能產生同理心，不歧視別人，將來比較容易交到朋友，得到他人的幫助。

閱讀是一個好工具，可以打開人類知識的大門。從小養成閱讀習慣的孩子，不但專注力高，更能透過書本學到是非、紀律、禮貌及與人相處的道理，長大了將是一個有內涵、不膚淺的人，這才是真正的贏在起跑線上。

孩子是上天賜給我們的禮物，就如同我們是他們的禮物一般。請盡量陪伴孩子遊戲、閱讀。

**閱讀恩澤一生**

德國的馬克斯蒲朗克學院（Max Planck Institutes）在柏林舉辦了一場不對外公開的學術研討會，主題是生命各個階段大腦發展與行為的關係。醫藥的發達使人的壽命從一九五〇年代的平均四十九歲延長到現在男性七十三歲、女性七十八歲，老年的慢性疾病成為各國財政的沉重負擔。因此，此次會議特別著重在老年人大腦萎縮與注意力、記憶力的關係上，希望找到防止大腦老化的方法。五天會議下來，最後的結論竟然是最平凡、不引人注意的兩項活動：運動與閱讀。

先說運動。運動可增加大腦血流量，使神經細胞得到所需的氧與養分，規律性的運動可以抑制杏仁核活化，防止負面情緒的出現，減少憂鬱症出現的可能；運動同時活化大腦回饋系統，增加多巴胺系的活化，帶出正面情緒，而正面情緒可以增加身體免疫系統的活力。

再說閱讀。閱讀不只是打開一扇通往古今中外的門，讓你按自己的時間、步調在裡面遨遊，還可以刺激大腦神經的發展。人的大腦是越用越靈光，從大腦切片可以看到，越常動腦的人，神經纖維之間的連接越濃密，觸類旁通的機會也越高。

義大利的研究報告發現，七十歲以上的老人只要讀過五年書（連小學都還沒畢業），得老年癡呆症的機率與同齡文盲之比是1：14，這個數字非常驚人。臺灣也有類似的報告，一九八九年榮總醫院曾經抽樣檢查八個地區五千三百名四十一歲以上的居民，結果發現，沒有受教育者得老年癡呆症的機率是受教育者的兩倍。大腦的神經元基本上是「用進廢退」，經常運用大腦的人神經比較不易退化，因此閱讀對大腦有保護作用。

不閱讀而長時間看電視，不論是孩子還是老人，都會降低大腦功能。孩子會出現智力平平，老人易患老年癡呆。

這種情況，是因為每個人在接受外界刺激時，都會激發一連串大腦神經迴路的活動，但是閱讀時，神經迴路活化的程度比看電視時來得深。原因之一在於，閱讀時我們會主動搜索資訊，遇到語意不明、模稜兩可的詞語，例如「打手」這個詞，究竟是把「打」當動詞，指的是打別人的手，還是把兩個字合而為名詞，指的是黑道的「打手」，我們的眼睛會立刻回溯到前面讀過的句子，去尋找文章意思脈絡，來解讀這個雙意詞在文中真正的含意。因此，閱讀時，我們的大腦其實在不斷地進行深層分析。但是看電視、電影則是被動接受資訊的歷程。雖然在同一段時間內，螢幕上所包含的資訊多於單純的文字，但是我們的眼睛無法主動控制畫面呈現的時間，只能被動接受。所以，要促進孩童的神經發展，應該鼓勵他們多閱讀，少看電視。

為了區分閱讀主動獲取資訊，與看電視被動接受資訊兩種過程的差異，我們曾經做過一個實驗。請中學老師觀看 Discovery 頻道的節目，並在看完之後，上臺講述內容，結果發現許多老師看了三遍仍無法完整表達所看到的內容，如果是讀文字腳本，他們讀了一遍之後，就可以上臺講述。

每個人一出生大約有一百億個腦神經元，缺乏閱讀的人，神經元與神經元之間的連接相當稀鬆，假如其中一個地方壞掉了，因為沒有其他神經元給它消息與刺激，有如疏離群體的單個人，沒有同伴的對話與慰問，很快便會萎縮而後死亡。相反的，越常使用，它的連接就會越多，每天接收很多資訊，便會一直保持活躍狀態。最近瑞典的一些藥廠在研究治療神經萎縮症狀的藥物，採用的方式便是刺激神經元，通過很多管道對它「講話」，給神經元做團體治療。

華盛頓大學的神經學家發現：孩子閱讀時，活化的大腦區域與成人不一樣，當孩子逐漸變成流利的閱讀者時，大腦血流量的圖就越來越趨近成人的圖。因為從閱讀裡可以想像很多東西，那些想像力將會不停運動、刺激我們的腦神經。你想像聽力，它會和聽力連接；你想像視覺，它會和視覺連接。也就是說，你可以自我激發、活化這些神經元。

最近我看了一篇報告，讓我對於推動閱讀更有信心。它講的是六十年前在歐洲某所修道院服務的一群修女，這些修女進入修道院時都被要求寫自傳和日記，其中一些人記錄得相當仔細，另一些則隨便記錄。六十年後，研究者發現寫得比較豐富、大量閱讀的修女，得老年癡呆症的比例相對較小。這份資料證實，閱讀確實可以增加腦的活動。

美國國務卿希拉蕊（Hillary Clinton）便非常重視兒童閱讀，甚至提出一個〇到三歲計畫，鼓動小兒神經科醫師開一帖「媽媽閱讀給小孩子聽」的處方。

美國塔夫茨大學（Tufts University）的吳爾芙（Maryanne Wolf）教授認為，人會閱讀是個奇蹟：「閱讀改變了我們的生活，我們的生活也改變了我們的閱讀。」現在有很多的證據顯示，大腦會因外界需求改變內在神經元的連接，父母千萬不要錯過這個幫助孩子大腦發展的機會。閱讀恩澤的不僅是孩子的當下，也是他的一生。

## 二十一世紀最重要的能力

我曾親身經歷過這樣一件事。

六月是畢業的季節，校園裡到處是穿著學士服的學生。我在走廊上看到一名穿著學士服的男生在徘徊，頭上冒著汗卻不肯把學士服脫下來。他一看到我，立刻迎上前來說：「老師，你不認得我了嗎？」我看了看，心想今天這樣穿戴的學生太多了，真的不認得，只好誠實地承認。他很驚訝地說：「我就是那個幾次跟你請假說要回去參加葬禮的學生，你後來不准，說『哪有每天死人的呀』！」他一講，我想起來了。

我的課不准學生無故缺席，因為學生能到國立大學來學習，不是只靠父母繳的學費而已，還包括很多其他納稅人的血汗錢，才能讓他使用到很多儀器，有很多老師來教他。無故缺席會對不起替他繳學費的納稅人。這名學生一學期請了三次假，請的還都是喪假。前兩次我爽快答應了，很同情孩子。可到第三次時，我懷疑了，問「哪有每天死人的呀！」要他拿死亡證明書來看。他才告訴我，他是原住民，從小到大已經參加過三十次以上的葬禮。族人大都短命，又都牽親帶戚，所以有族人死亡，他一定要回去跟亡者說最後的話，同時因為族裡青壯者不多，葬禮也需要他的幫忙。

問他為何族人死亡率高，他苦笑說山上沒有工作，除了務農，沒有生財之道，族人都是念完國中就下山去打工。最近景氣不好，失業的都回來了，心情不好就借酒消愁，喝醉了開車就容易出事。不過這次請假是因為他的叔叔死於肝硬化，他歎著氣說「這是原住民的宿命」，並表示出對自己的未來也不樂觀，因為他的學業也很吃力，不知未來會怎樣。

我聽後很傷感，准了他假，拿了一本《一個印第安少年的超真實日記》（木馬出版）給他看，這本書在美國是暢銷書，作者的經歷與這孩子很像。我跟他說，你因為原住民身分可以加分進大學來，但是不可以加分出去，沒有什麼叫宿命，「造命者天，立命者我」，你要像這本書中的孩子一樣證明給自己和別人看，原住民不是笨，只要有相同的機會就會有相同的表現。你一定要憑自己的本事念到畢業。

我對他說四十年前我留學美國時，所處的情境跟他一樣，恐怕還更差，因為我們沒有錢，英文又只有中學的六年而已，但是我們都在他鄉異地生存了下來，還執了教鞭。可見事在人為，人只要沒有退路便能成功，千萬不可自暴自棄。

我叫他好好看這本書，他會在書裡看到自己現在所面臨的一切，所謂不可抗拒的「宿命」，跨了半個地球，美國的原住民孩子也經歷過，但是貧窮不可怕，窮而無志才可怕，叫他一定要找出人生的目的來。

後來他寫了一封長長的電子郵件給我，說當他看到作者哀求父親載他帶生病的小狗去看醫生，因為小狗口吐白沫、眼睛翻白，父親二話不說，返身進屋拿了一把槍出來時，他放聲大哭，因為他的狗也是這樣安樂死的。當人都沒有錢看病時，哪還顧得上狗呢？他開始認同主角，融入書中情節，悲亦相悲，喜亦相喜，最後要求我再推薦他一本書。

結果，他就這樣走入了書的世界，書本打開了他的心胸和眼界，他後來的學習狀態大不一樣。所以他今天特地穿著學士服讓我看，他憑著自己的力量畢業了，同時告訴我，他認同了他的原住民身分，也接受了上天對他的磨練。我注意到他的眼神都和以前大不一樣，很有光彩和精神。

送走他之後，我回到辦公室，很想對這本書一鞠躬，感謝這本書改變了一個孩子。

儘管大多數人都認為閱讀是有益的，但是我們還是常常會遇到這樣一個問題：常讀書的人和不讀書的人，到底有什麼差別？

越來越多的研究證據顯示，經常閱讀、不停思考的人，境界會跟別人不一樣，會有不一樣的觀點。閱讀，是人生的分水嶺。它可以帶給我們兩個最大的好處：第一，準確性，書讀多了以後，可以讓我們知道在什麼地方、該做什麼事、該說什麼話，都非常準確；第二，批判性，你不會輕易相信某些報導，你會有自己的思考，知道真相會有其他的可能性。所以，閱讀除了提升境界，還能讓我們的思維準確而且敏銳，這是非常重要的。

美國二十一世紀策略聯盟的全國性大調查「二十一世紀最重要的技能是什麼？」百分之七十九的美國人認為閱讀能力是二十一世紀最重要的能力，也是全世界在經濟不景氣時，政府最應該大量投資的一項。

我們知道十九世紀的財富在土地，二十世紀的財富在人力，二十一世紀的財富在腦力。李光耀曾說新加坡是小國小民，沒有多少自然資源，但最大的財富就在人民的腦力，因此新加坡大力推廣閱讀，使他們快速躍上亞洲經濟實力的排行榜。

每個會閱讀的人都要心存感激，感激那些文字，給了我們人生最大的禮物。

# 6 藝術教孩子生命的感動

藝術觸動的是人內心的最深處，我們不是要求每個孩子都要成為藝術家，但每個懂一些藝術的孩子都會更加懂得自己的人生。

## 藝術是生命中的一根手杖

我的一位朋友因憂鬱症住院了，聽到這個消息我十分難過，他的家境、學歷、經歷一直都算是一帆風順，不應該會如此失意。跟幾位也認識他的朋友聊起此事，他們卻認為他患病在意料之中。其中有一位是他的高中和大學同學，一針見血地說：「他除了讀書，生命是一片空白。」他不看小說、不看戲劇、不聽音樂，是臺灣父母、師長心目中標準的優等生，但是為優秀而付出的代價太慘痛了。

亞都飯店的嚴長壽總裁在他的《做自己和別人生命中的天使》（寶瓶出版）一書中談到，一次他在德國搭計程車，發現車上正播放他喜愛的古典音樂。一問之下，才知道這位司機曾經是大學教授。但是他並不介意從教授變成普通的司機，對他而言，開車只是謀生的工具，他內心世界很豐富，並不需要職位來肯定自己。不管開不開車，他都擁有完整的人格，有他自己的氣質內涵。

嚴總裁說：「一個懂得欣賞藝術的人，在感到鬱悶、無聊時，藝術可以陪伴他，替他解悶。」

現在臺灣患憂鬱症的人數逐漸增多，原因之一是我們的學生缺少人文素養。我非常贊同嚴總裁說的，如果在念小學的時候，老師能教我們欣賞巴哈、莫札特的音樂，而不是專門考大調、小調的差異或是背工商角徵羽的樂理，我們就可以培養一些音樂素養，當煩悶的時候，可以借音樂得到心靈的慰藉與滿足。

我的大舅曾被送到北大荒勞改二十二年，最後能以八十二歲高齡活著回到福州，與他腦海中儲存了大量音樂、戲劇、詩詞有很大關係。他說在極痛苦時，就會默默唱一段京劇，背一段《古文觀止》，以古慰今，度過一天。

藝術的力量不僅如此。丹麥的哲學家齊克果說：「生命只有走過才能瞭解，但是必須向前看才活得下去。」假若一個人覺得世界上還有值得喜歡的東西，就不會輕易自殺。

我在街上遇見一名以前教過的學生，她在一所相當有名的中學教書，但是看起來十分憔悴。我問她最近過得怎麼樣，她說每天緊張、憂慮、睡不好。我以為是教學的壓力，結果不是。原來前些時候，她有個學生跳樓自殺，從此，她只要一看見座位是空的，就開始緊張，害怕學生沒來上學的原因是死了。每次作業給得多一點，或學生考不好罵了幾句，她就擔心學生因此自殺。偏偏學生又常在週記上透露「活著沒意思」的話，使她更加緊張。她一直思考，該如何教學，才能讓學生丟掉這些自殺的念頭。

臺灣的生命教育推行了好幾年，但仍然是每四天就有一名學生自殺，令人觸目驚心。

我們的記憶是神經迴路的活化，一旦某種負面的情緒被活化，它會帶動相關的其他負面情緒，我們的心情就變得越來越鬱悶了。或許應該從戲劇和小說著手，令學生心有感動，生命教育才會真正有效。很多孩子不曾進過任何劇院，不曾聽過音樂會，不曾接受過美育。事實上，只要少出點功課，多接觸藝術，花一點錢和時間使小朋友接觸到表演、體育、樂器、戲劇等，教育就會變得簡單很多。

國外很早就讓孩子從閱讀和看戲劇所帶來的感動中進行生命教育。幾乎每個社區都有少年棒球組織，讓孩子通過球類比賽領悟勝敗為兵家常事，這次輸，下次贏，不必太在意。至於閱讀及戲劇觀賞，是通過濃縮的故事來瞭解人生。戲劇生動、扣人心弦，情緒往往隨著劇情的起伏而變化，不知不覺間就受到感化。

中國過去很窮，教育不發達，老百姓大部分是文盲，連名字都不會寫，但是「忠孝節義」卻深入民心，千百年來一直是中華民族傳統的價值觀，這正是受到小說和戲劇潛移默化的影響。

我看了黃春明編導的歌仔戲《杜子春》，覺得這就是好教材。

杜子春是個浪子，敗光萬貫家財後，看破紅塵想出家，老道人帶他到崑崙山斷情崖去測試他是否真心，告誡他無論如何千萬不可出聲。他對猛虎、女色都能不動心，唯獨看到老母被牛頭馬面套著枷鎖一步一哀嚎拉著下地獄時，情不自禁喊出「母親！」結果破了功無法成仙。老道人因為杜子春對母親有孝心，所以給他鋤頭，告訴他「舉頭三尺有神明，掘地三尺有黃金」，叫他好好做人，從頭來過。

「舉頭三尺有神明」是告誡他：頭上有神明，做事不敢欺心。「掘地三尺有黃金」更是中國人的傳統美德——勤就一定有飯吃，努力耕耘自然有收穫。

簡簡單單一場戲劇就把我們要教給孩子的許多大道理都融入其中，讓孩子在看戲時不知不覺的理解消化，內化成他的道德觀念。

## 舞蹈和音樂給生命力量

研究證實，舞蹈有預防憂鬱症的功效。舞蹈是有韻律的運動，可以抑制大腦中杏仁核的活化，而杏仁核與憂鬱症有關，是負面情緒的中心。節奏性動作會促進大腦的神經傳導物質多巴胺迴路的活化，多巴胺則與正向情緒有關。

尤其是團體舞蹈，在原住民部落中，所有的舞蹈都是集體參與，形成一種族群的儀式。在生理上，它可以壓抑杏仁核的活化；在心理上，它產生歸屬感，而這個歸屬感對人類很重要。當所有人都做同一個動作時，會產生強烈的團體意識，使敵人不敢侵犯。

同時，有規律的節奏與韻律會使人進入類似催眠的境界。所有宗教的誦經都是簡單幾個音，反覆地吟誦；所有宗教的儀式都是簡單的幾個動作，反覆地跳動。這種行為機制非常原始，比如，狒狒團體中若有一隻發出有韻律的吼聲，整個團體都會加入。

## 為什麼想法改變心情就改變？

有個實驗很有意思，實驗者請受試者躺在核磁共振儀中看一張圖片，請她體會圖片中人的心情。乍看之下，這是一張葬禮的圖片，教堂外面停了一輛滿是鮮花的靈車，一名妙齡女郎在旁哭泣，所以受試者感到悲傷。在看圖片時，實驗者掃描她的大腦。幾分鐘以後，實驗者對她說，這張圖其實另外有意義，請她重新思考一下。這時受試者才發現，原來這不是喪禮而是婚禮，那輛滿是鮮花的車不是靈車而是車身加長的禮車，女郎的哭其實是喜極而泣。才一轉念，儀器就測到大腦活化的區域全然不同了。前額葉某個區域活化得非常強，它抑制右邊杏仁核的活化，告訴它：不必悲傷，這不是喪禮。

這個實驗告訴你：你有能力改變你的想法，決定你自己的快樂。人可以借由意識（前額葉皮質）控制情緒（杏仁核），因此現在治療憂鬱症都是盡量教病患改變他原先對事情的解釋形態，從改變想法來改變心情。只要病患真心願意改，都可以透過意志力做到。

我們常聽到人說：「我就是這樣，這是我的個性，合則來，不合則去。」這態度是不對的，這是一種拒絕改變的姿態。當我們可以實際看到大腦內部的工作情形之後，我們應該學習養成遇到不好的事情時重新思考的智慧，跳脫原來的角度，登高再看。

很多時候，我們只要把剛剛發生的事跟朋友用語言陳述出來，情緒就會好很多。因為把事情講出來時，我們重新評估了這件事，就可能發現剛剛太衝動了，自己的反應太強烈了。前額葉皮質與杏仁核是相互消長的，人思考後就會冷靜下來，古人說「小不忍則亂大謀」就是這個道理。

練團體舞就像練球一樣，人與人之間的互動，可以促進孩子之間的友誼。不但舞蹈對身心有益，音樂更是最原始的語言，是防止憂鬱症的好方法。

最近去了兩所山地學校服務，這兩所學校偏遠程度相同，學校大小相似，屬同一原住民部落。但是一所學校的學生活潑開朗，另一校則安靜壓抑，我覺得很奇怪。下山時，甲校校長來電說：「讓你聽聽我們合唱團的美妙歌聲。」一霎時，我領悟了，這是音樂的關係，甲校有合唱團，乙校卻沒有。

甲校的校長說他剛調來山地時，覺得學生只是每天來上學，回家做功課，生活中缺少歡樂氣息。想到學生是布農族，天生有副好嗓音，所以他組織了合唱團，一早一晚全校練唱，唱出他們民族的心聲，唱出他們的自信心。他說，合唱團不需要什麼設備，最便宜，只要有一位好的音樂老師懂得帶就可以了。校長還說，自從有了合唱團，孩子的功課及行為變好了，很少再發生吵鬧打架的事。這就是音樂的力量，它能洗滌心靈，當人心無邪念自然就不會做壞事。

我小時候讀《古文觀止》，讀到歐陽修說他得了「幽憂之疾」，辭去職務專心在家養病也養不好，後來跟著一位名叫孫道滋的人學琴，歐陽修覺得彈琴時很快樂，經常彈，「平其心，養其疾」，病慢慢就好了。一個嚴重到讓他辭去官位的病竟然彈彈琴就可以「不知疾之在其體也」，音樂的力量太不可忽視了。

朱光潛在六十年前就提倡音樂教育，因為它是「群育」。一個愛好音樂的人，很少是孤僻的。他說「樂」最大的作用在「和」，再怎麼生氣的人，張嘴開始唱歌後，臉上的肌肉都會鬆弛下來，表情也會柔和起來，暴戾之氣就消失了。

電影《真善美》中，瑪麗亞說當她心情不好時，就唱自己最喜歡的歌；《國王與我》中，安娜也跟她的兒子說，當你害怕時就吹口哨，吹著吹著你就不害怕了。

一個愛音樂的孩子是快樂的。有規律的旋律會活化大腦的快樂中心，我們唱歌時不是常會不由自主地微笑嗎？對孩子來說，擁有音樂素養遠比留在教室中背那些死知識重要得多，因為它直接觸及靈魂深處，可以陶冶性情。

從研究上看，音樂能增強孩子的學習效果，因為音樂可幫助孩子大腦的發育。柏拉圖在他的《理想國》中說：二十歲以前的人只要音樂和運動兩門功課就夠了，因為這兩門課是心和身的教育。

我回到臺灣後，發現社會富裕了，許多人都送孩子去學琴。黃昏時分，層層公寓都飄出巴哈、莫札特的樂曲，但是，這並沒有讓人感受到音樂真正的美妙。演奏樂器變成父母炫耀孩子成就的一個項目，孩子很「認命」地學琴，每天例行公事，每個音符精準地從琴中流出，卻缺少了生命的感動。

我們要求孩子學習技巧，卻忘記了真正的音樂應該來自心靈。就好像我們學西方的民主只學會了投票選舉，卻沒有學到所謂民主，應該尊重他人意見，容忍異己的存在。

民主和音樂都是一種修養、一種品味，它不是技術。品味這東西無法由補習班「教」出來，它必須「誠於中，形於外」。美育和品德教育都不是立竿見影的科目，人們常忽視美育的重要性，但它卻是一件今天不做、明天一定後悔的事。

## 7 「成功學」就在生活中

孩子如果從小養成靠自己的習慣，長大後就能自己想辦法解決問題。這種堅持不懈的經驗，對他們長大後勇於擔當很重要。

### 給孩子一點「權力」

朋友向我抱怨，她兒子畢業後工作沒兩年，就要辭職自己創業。她擔憂地說：「現在就業難，有一份穩當的工作，每個月固定拿薪水該多好。他卻要自己創業，我不能袖手旁觀不幫忙，又擔心我的退休金血本無歸。」

我看她真的很憂心，就去找她兒子談。孩子說因為壓力太大，每天上班就頭痛，下班雙肩僵硬，而且老闆喜怒無常，他覺得不只是把時間賣給老闆，連靈魂都賣給他了。想來想去，決定自己創業當老闆。我問他萬一風險很大怎麼辦，他說：「沒有失，哪有得？人總要去闖闖，才不負少年時光。」

和這對母子分別談話後，我回過頭來勸母親，退休金不必都給出去，但是要鼓勵孩子創業。人只有做自己才會自在，有主控權才會健康。

有個經典的實驗是這樣的，實驗者去一所老人院，跟住東邊廂房的老人說：這裡有一盆花，你搬回房間養，養死了要賠；你每天早晨有一個雞蛋吃，你可以選擇要煎蛋或是煮蛋；每週有兩部電影可看，你可以選擇看愛情片或是西部片。實驗者又去對西邊廂房的老人說：這裡有一盆花，請搬回房間去欣賞，你不必照顧它，護士每週會來澆水；你每天早晨有一個蛋吃，一、三、五是煎蛋，二、四、六是煮蛋；每週有兩部電影可看，星期三是愛情片，星期六是西部片。

一年以後，實驗者看兩邊老人的健康情況，發現西邊廂房的死亡率高於東邊廂房。這兩個廂房生活飲食、條件都相同，唯一的區別是東邊房的老人有主控權而西邊的沒有。這是第一個顯示心理上的主控感覺對生理影響的實驗。

我們能從實驗中看到自主權對健康的重要性。很多研究都顯示：在同一間緊張、快速、壓力大的辦公室中，職員得心臟病、高血壓的機率比經理高，越有主控權的人，得病的機率越少。人必須覺得自己是情境的主人，對情境有操控權而不是聽命於情境，身體才會健康，心情才會快樂。

父母應該在一定程度內，給孩子一些關於他自己身體、行動、想法、愛好的主控權。當把可能出現的後果告訴他後，讓他自己做主，他若甘願冒風險，讓他自負後果。孩子會告訴你，失敗的感覺比不曾嘗試的感覺好，錦衣玉食無法彌補不能自己做主的痛苦。

教養孩子要像放風箏，線放得長，風來時才飛得起來；線太短，風箏只能跟在你身邊。但是手一定要握緊線，因為一鬆手，飛去的風箏就永遠找不回來。家長得拿捏好這個分寸。

## 負負不等於正

在孩子的成長中，親力親為的直接經驗很重要，但是父母傳授自己的人生經驗給孩子也很重要，畢竟人生沒有必要去重蹈父母的覆轍。但是有些父母卻一味以過來人的「資歷」對孩子的生活進行過多干預，這也不准，那也不行。

一名學生的父親幾個月前突然過世，我去看他時，他正處於崩潰邊緣。他緊抓著我的手說：「我每天都不清楚該做些什麼，父親以前只告訴我不要這樣、不要那樣，卻從來沒告訴我應該怎麼做。」望著他驚慌失措的面孔，我不知道怎麼幫他。數學上有個理論是「負負得正」，但在人情世事上，負負卻不等於正。告誡孩子「不可以」並不等於能讓他明白怎麼做才「可以」。我們一直想當然耳地把這兩者畫上等號，其實批評不等於建設，批評甚至會抑制建設。

中國人習慣從負面來看事情，凡事先挑毛病，很少讚揚，所以我們的學生不及西方人有自信；而且多做會增加被批評的機會，久而久之養成孩子觀望的習慣，不積極主動，認為「反正不做是最不會出錯的」。

我記得以前讀蘇洵的〈管仲論〉時，非常不解蘇洵為什麼把齊國的衰微怪罪到管仲身上。當管仲病重時，齊桓公問他誰可以為相，管仲說：「豎刁、易牙與開方這三個人不可用。」他只舉了三個不可用之人，卻沒有推薦可用之人。齊桓公又問鮑叔牙怎麼樣，他說鮑叔牙人很好，但是好人不能使國家強盛起來；賓胥無樂善好施，但善人不能使國家富足。管仲只把這兩人的短處說出來，卻沒有舉出具體可用的長處，導致齊國面臨無人可用的窘境。

我現在瞭解，蘇洵怪管仲是有道理的。因為管仲一直從負面告誡齊桓公，卻沒有提出任何有建設性的方案。

告訴誰不可以用，並不能說明誰可以用。光批判不建言是徒勞無功的。

這個情形過了兩千年仍是如此。我們限制孩子打電玩，學校周圍五十公尺之內不准開網咖，卻忘記了人是動物不是植物，真心想玩的話走遠一點依舊可以玩。這種防堵的方式一點用都沒有，因為我們沒有把負面消極防堵的心力轉成正向積極，創造出取代電玩遊戲、使孩子可以光明正大去做，並從中得到很多樂趣的活動。高壓的防堵只能在他們幼小沒有行動能力時奏效，長大後，防堵政策便失效了。

在這方面，我有位朋友做得很不錯。看到他的孩子喜歡射擊遊戲，就送他去學射擊和射箭，後來又送他去學擊劍，將孩子從虛擬的電玩世界中拉出來，學習真正的技術。孩子對這些很感興趣，自然能學得很好。如果在學校裡成立類似的社團，使更多的孩子實際感受這些運動，無疑是擺脫電腦遊戲的好方法。

孩子是充滿活力的動物，與其成天罵孩子不可以怎麼樣，倒不如把心思花在引導他朝正向發展的活動上。

功課其實可以比電玩更有吸引力，只要我們肯花心思，去設計啟發他思考、引起他興趣的題目。許多人在專心解微積分難題時，CD音樂終止了都沒注意到便是一例。當一個孩子在真實世界中得到滿足時，就不會留戀虛擬的網路情境了。請給孩子有建設性的提議，教他自制和自律，而不光是訓斥和提防。

## 教會孩子「不放棄」

我去朋友家，看到他在幫狗刷牙。他說這隻狗是他撿來的，從小被人棄養營養不良，牙齒的琺瑯質沒有長好，若不幫牠刷牙，很容易得蛀牙。然後他又感歎說，現在許多孩子養寵物，養膩了就丟掉，美其名曰「放生」，其實就是遺棄。

朋友的行為讓我感動，他提到的擔憂也正是我的擔憂。

最近，臺北市政府鼓勵學生認養盆栽，一些學生認養了，卻不去管它，根本不澆水，才三天盆栽就枯萎了。雖然只是盆植物，但也是生命，像這樣不負責任地任其渴死很不應該。如何對待動物、植物會關聯到如何對待人；如何對待別人，最終又會決定別人如何對待你。

很多父母和老師可能並不在意這件事，只關心孩子的考試成績，不太在意他們的為人處世。孩子因為沒有得到好的榜樣和教導，情感發育遲鈍，心靈變得蒼白麻木。看到現在年輕人對別人的痛苦不當一回事，連生命也視如草芥，實在讓人很憂心。

美國教育哲學家杜威（John Dewey）說「生活即教育」，我們應該讓孩子從生活中學習承擔責任，養成尊重生命、感恩樂觀、積極向上的正確人生態度，這樣的教育才算成功。

一位小學老師跟我說，現在的孩子很容易放棄，而且對未知沒有好奇心。她常常在放學後留下四名成績不理想的小朋友教他們數學，她說，如果其中一名不會做這題，就會問旁邊的人：「你會不會？」如果那個同學也搖頭，其他兩個人也不再問了，大家一致舉手說：「老師，我們不會做這道題。」她問另外兩個孩子：「你們根本沒有做，怎麼知道不會？」這兩名學生只是聳聳肩，不想試一試自己是不是真的不會。

對她的擔憂我也頗有同感。我在大學裡見過太多這樣的學生，許多明明只要動動腦筋就可以解決的問題，但他們常常連試都不試就喊不會，希望別人替他解決。

這種情況不能全怪孩子，多半是由於平時孩子一遇到事情，家長就急於出手相助造成的。或者是孩子一沒做好，家長就批評。總之，不給孩子留時間讓他自己去思考，這樣孩子就不會有成就感。久而久之，他們就變得容易放棄了。

一九六〇年代有個叫「習得的無助」（learned helplessness）的實驗。一隻狗，無論怎麼努力都無法避開電擊，時間一長，牠就放棄了嘗試。當環境改變以後，只要跳過矮柵門，就可以逃到無電的安全地帶時，牠也不會去試。牠已經安於逆來順受，過去的打擊使牠認定自己是失敗者，以後不再嘗試了。通過觀察大腦中的神經機制，我們發現，一個人對事情的態度，決定他大腦中區塊活化的程度，而大腦的活化又決定這個人的行為。

孩子如果從小靠自己，沒有大人可以依賴，長大後通常能自己想辦法解決問題。有創造性的孩子有一個共同點，就是小時候都有做事成功的經驗，很少因為做錯事挨罵。一次次成功使他們有信心，敢於探索、嘗試。他們在童年時多半很自由，想要做一件事時，可以一直做下去，直到完成為止，不會有人打斷他，叫他去做功課、上才藝班或補習班。

把一件事情做完，直到成功為止的經驗，對他們長大後勇於擔當很重要，因為它讓孩子嘗到成功的滋味，心裡充滿「我很行」的喜悅，也感受到完成一件事後，放下負擔的輕鬆。如果從來不曾體驗這個感覺，每次做一半，要麼家長動手幫忙，要麼因為練琴時間到就中斷了，孩子自然會養成動不動就放棄的壞習慣，認為反正沒必要努力做。長此以往，孩子對學習也就沒有動機和興趣了。

我兒子做事時很不喜歡被人打斷。記得他念小學二年級時，有一天，飯吃到一半，我先生打電話來說飛機提早到了，叫我趕快去接他。我掛上電話，抓起兒子的手就要出門，他叫我給他兩分鐘把飯吃完，如果等爸爸回來再吃，他就不想吃了。他說，他不喜歡一件事沒有做完的感覺。

兒子讀九年級時，我偶然從香港買了幾個各種式樣的九連環回來。兒子好奇，拿去玩，在不知道口訣的情況下，鍥而不捨地一直解，整整解了一天一夜，終於把它解開了。解開一個以後，其他幾個也就順利地解開了，他發現其中有規律可循，一通萬通，很是高興。我則驚訝於他解不出來時沒有放棄，一直在嘗試，晚飯也顧不得吃，直到解開為止的毅力。他的堅持，我想跟他小時候一定要做完、不放棄的習慣有關。

其實，我們大人不是也不喜歡一件事情沒有做完就被要求去做別的事嗎？「己所不欲，勿施於人」，這個道理在教育小孩子時最有用。

## 可以失敗，不可以被打敗

一位朋友向我辭行，要返回美國。我很驚訝，因為他不久前才在學校附近買了房子。他苦笑說：「沒辦法，不想讓孩子重蹈我的覆轍。」原來他從小到大讀書一帆風順，一直考第一。進入醫學院後，他發現全班都是各地的第一名，雖然全力衝刺，卻還是考不過別人。從來沒有嘗過失敗滋味的他，不能理解「人上有人，天外有天」的道理，幾次考得不理想，使得他自信心大受打擊，便轉去念化學。他後來去了美國，順利成家立業，心裡卻一直因沒有讀完自己喜愛的醫學專業而鬱悶。

他兒子在美國念小學時，鄰居義務做棒球教練，他礙於情面，不得不讓他的孩子參加。在練球過程中，他發現孩子一開始不能接受失敗，一輸球就哭、發脾氣，不肯再去練球。但是鄰居會一直來找他一起練球，勉強去了幾次以後，孩子慢慢瞭解到比賽一定有輸贏，接受了「這就是人生」的事實。

有時打完球，漏接球的孩子會被隊友指責，這時教練就會說：「你能保證你自己永遠不漏接嗎？你今天指責他，下次可能就換他指責你了。」教練教他們「成事不說，遂事不諫，既往不咎」的道理，事情一過去就放下，才不會影響打球的心情。

而且，球賽是團隊比賽，必須每名隊員都盡力做出最好的表現，同心協力，團隊才會贏。

這樣，孩子就從經驗中學會了不責怪別人，勝不驕、敗不餒的運動員精神。

朋友漸漸熱中於送孩子去打球，也後悔自己小時候把所有時間都花在考第一名上，不去外面跟同學玩，使他失去成長中玩耍的歡樂與面對挫敗的勇氣。

回臺灣後，他想積極組織球賽，卻發現國二的學生根本沒有時間運動，更不要說找大家共同的時間練球了。家長和老師都看不到運動對孩子身心發展的重要性，雖然他一直強調運動使大腦分泌多巴胺（正向的神經傳導物質），可以減少中學生的憂鬱症；打球還可以交到志同道合的朋友——朋友是人生旅途的助力，好朋友更可以緩解課業造成的壓力，增加孩子的抗壓力……但是一切都敵不過升學的現實，他即使想出錢出力，也找不到願意來練球的孩子。

他家孩子的「只要盡了力，不在乎輸贏」的運動員精神，被周圍人視為「吊兒郎當」。他無力改變現狀，只好辭職，全家回美國去。他告訴我，沒念成醫學院的陰影到現在都沒有消失，始終覺得人生不完美。他要他的孩子早早從運動中練習如何接受失敗而不氣餒，樹立他正確的人生觀。

我聽了很感歎。人生最重要的不是功課，進入社會後，誰管你曾經是第幾名？我們卻為了功課，失去了培養孩子接受挫折、團隊精神、人際關係的機會。而團隊精神正是二十一世紀職場必須有的態度。

但丁說：「道德可以彌補智慧的缺點，智慧永遠沒有辦法填補道德的空白。」我們一再為課業犧牲孩子人格成長的機會，卻未曾想過，一個沒有嘗過失敗和成功滋味的孩子，他的人生會是怎樣呢？我們應該及早讓孩子知道世事有贏有輸，勝敗是兵家常事，不足掛齒，更不必為此否定自己，賠上一生。

「可以失敗，不可以被打敗」的人生觀要從小建立，因為它儲存在神經連接的突觸上，是內隱的學習，會跟隨孩子一生。孩子對輸贏成敗不那麼看重，就能打造堅強豁達的品格。反正永遠有明天，有明天就有希望，就有機會翻盤。

# 8 一生受用的學習能力

畢業以後，沒人在意孩子在學校考第幾名，
但他從教室和課本之外學到的東西卻一輩子受用不盡。

## 多元智慧：天生我材必有用

一九二一年，美國十四位專家齊聚一堂，在為期三天的會議討論「智慧」的定義，他們指出五項：一、抽象思考的能力，二、適應環境的能力，三、適應生命新情境的能力，四、獲得知識的能力，五、從既有的知識和經驗中獲取教訓的能力。後來，此定義被一再精簡，最後變成大家普遍接受的一句話：一種基本的、能夠適應生命中新問題和新情境的能力。仔細想來，這正是多元智慧的精髓體現。

為什麼高等生物都採取有性生殖？這是生物多樣化在演化上決定的。因為每次生殖，子代有一半的機會可以得到與親代不一樣的基因，大大增加了生物多樣化。它的重要性在於讓後世子孫有適應不同環境的能力，一旦環境變化，多樣化會使生物有繼續生存下去的機會，這樣可確保地球生物永續生存。

現代科技的進步使我們看到，孩子的各項能力和他的基因關係密切。比如，患有「威廉氏症候群」（William Syndrome）的孩子，因為第七號染色體的長臂（long arm）上少了十五個基因，導致幾乎沒有一點空間能力；但是這些孩子語言能力很好，能說善道。基因決定人的多樣化，我們需要不同才能的人組成一個多元化健全的社會，這就是近年心理學上關注的「多元智慧」。假如我們把教育的目標改為需要快樂的兒童、健全的公民，多元智慧的重要性就不言自明。

因此家長不必生硬地改變孩子的某些特點。腦功能造影技術顯示，口吃的孩子在說話時，右腦血流量比左腦大，而一般人是左腦血流量較大，這說明他們的功能分配與大腦資源分配不當。如果硬生生要求習慣用左手的孩子改為用右手，常會導致孩子口吃。

目前，臺灣很多學生都極不快樂，他們所有清醒的時間都在與數理化和英語搏鬥。中國人堅信「勤能補拙」，越是數學不好，越是要多做數學題目；白天上學做不夠，放學還送到補習班再練習。但是，因為數學正是孩子最弱的課程，於是越害怕越不會，越不會越要做，如此惡性循環下去，只會使孩子深陷苦惱深淵。

一個對自己有信心的孩子，才可能發揮出真正的潛能。老師雖然都知道動機是學習最好的驅力，卻很少從誘發動機著手。教學負擔使我們做不到因材施教、循循善誘，更何況家長、校長要求的是升學成績，凡是聯考不考的科目，能力（成績）再好都白搭。因此，要推動多元智慧，必須同時教育整個社會，改變父母的觀念。

中國古代很注重多元智慧。古代講求六藝——禮、樂、射、御、書、數，正和現代多元智慧的精神不謀而合。只可惜，中國自古崇尚「學問」，千百年來對人才的評價卻很單一。春秋戰國時代，孟嘗君幸虧門客中有人會學雞啼，騙得守關的士兵提早打開城門，才得以及時逃出秦國。但歷史上，人們對這些門客頗為不齒，稱之為「雞鳴狗盜之徒」，瞧不起他們的才能。漢朝以後，人們更是只注重讀書，把其他才能視為雕蟲小技，這個影響延續至今。

現代商業社會已經逐漸打破「萬般皆下品，唯有讀書高」的觀念，我們應該利用這個時機推廣「行行出狀元」的理念。每個人天賦的才能都不一樣，一個多元化的社會應該有空間讓種種不同的才能得以發展，如果社會能改變對「主科」（國文、英語、數學、物理）的偏好，我相信很多父母會讓他的孩子自由發展。

除了確立「天生我材必有用」的信心，還要相信人的潛力巨大，後天教養可以改變許多先天設定。我覺得教育最重要的是，教孩子終身學習的觀念和「天下無難事，只怕有心人」的學習態度。

樹立終身學習觀念的重點在於，要教孩子「精誠所至，金石為開」，不要說「我沒有這種才能」，或者說「我不是學這項專業的」。在臺灣，研究所或資格檢驗考試常要求「相關科系」畢業才准報考，這個觀念是不對的。只要考得上，什麼科系畢業都沒有關係。「相關科系畢業」的觀念，其實與多元智慧與終身學習的主旨相悖。因為終身學習的第一要點是讓孩子知道，只要有學習的能力，沒有什麼學不會。人的一生會因外在環境的轉變而改變，必須學許多新的技能來應對。

## 真正的教室在窗外

一位美國教授來臺講學三個月，他把讀小學三年級的兒子一同帶來在本地就學。我問他：「在學期進行到一半時把孩子帶出來，不怕耽誤他的學業嗎？念了三個月剛適應又要回去了，對孩子不是太辛苦了嗎？」他聽了，很驚訝地反問道：「人生不就是應該不斷地適應新環境嗎？從小學習適應，見識不同的國情，體會不同的文化，不是更好的學習嗎？」

這番話令我十分佩服這位父親的遠見與勇氣。

人生旅途上用到的大部分知識是課本上沒有教過的，只不過一般人被傳統的觀念所束縛，認為學習就是要在教室裡一板一眼地上課，沒有勇氣反抗。

真正的學習是不拘任何形式的。課本的知識很有限，可以隨時學；課本之外的東西卻可遇而不可求。把孩子從課堂中帶出去，讓他獲得課堂之外的知識，這是更好的學習。

過了不久，他又問我：「為什麼中國的孩子上那麼多課，從早到晚，回家還要做一大堆作業，他們什麼時候遊戲呢？」他說美國孩子下午兩點半就放學了，有充足的時間從事課外活動。他還說，來到臺灣以後，他的兒子想打籃球，但是每天放學天都黑了，打不成了。這位美國教授認為體育比智育重要，有強健的體魄才有完整的人生。

他真是一眼看出了我們教育的問題。從以前到現在，我們都是這樣一直上課拚命填鴨，卻沒什麼特別好的效果。其實完全不必這麼累，在課堂裡把學生學習的興趣引發出來，其餘的讓孩子回家看書就行了。因為眼睛看字比耳朵聽話快三倍，老師若在課堂上念課文，那太浪費時間了。如果把汲取知識的重點放在晚間的閱讀上，那麼白天的時間就可以用來做課外活動，尤其是需要團隊合作的球類，如籃球、棒球等。

有一位哈佛大學負責面試新生的教授說，曾經有兩名學生ＳＡＴ的成績和功課一樣好，但他只有一個名額，他最後選擇愛打籃球的那個孩子，而沒有選愛慢跑的另一個孩子。因為現在是科技整合的時代，孩子若有團隊精神，就容易和別人相處，有朋友幫忙，將來在事業上成功的機率就比較大。教育是投資，他們只投資在以後可以回饋母校、為母校爭光的孩子身上，所以他選了愛打籃球的那個學生。

我們目前的教育都沒有顧及社會競爭力的需求，當別人在為迎合世界潮流改變教學政策時，我們卻還在原地踏步，真是令人焦急。

觀念的改變需要長期不斷地宣導。最近有媒體報導，基隆一位拿到第一屆自然科學超級教師獎的老師，最初教學時被評為不合格教師。因為他注重啟發，上課不照本宣科，作業不多，考試更少，他還因為怕抹殺學生對科學的熱情，不讓學生念很多參考書，結果引起家長不滿，認為他偷懶，要求學校撤換。幸好他指導的學生每年參加科技展覽會都能拿到獎，家長的觀念才慢慢糾正過來。他接受採訪時說學生得獎就是他的「免死金牌」。看到這裡，我很心酸。

教育是為培養人的一生而努力，自私的教師才會把學生總是限制在教室內，限制在課本上，只注重表面的高分而不在意孩子究竟學會了什麼。畢業以後，沒人在意你在校的成績如何，但從教室外和課本外學到的東西卻會讓你一輩子受用不盡。

## 教育讓人生有了奇蹟

美國二〇〇四年頒發全美兩年制社區學院的傑出學生獎，從一五二八名競爭者中選出二十名優勝者，年齡從十六到四十六歲不等，其中有單親母親、新移民，也有混過幫派的回頭浪子。他們都一致表示，在社區學院的受教經驗擴大了他們的視野，使前途更開闊，打造了不一樣的人生。

看了這則消息，我很感動，這正是我心目中教育的終極理想——只要你想學，永遠有個地方讓你去學。它不因你的膚色、出生地及地位而排斥你，政府會提供你接受教育的機會。如果你有能力，就會因此擁有不一樣的人生；如果你讀不來，也不會抱怨，因為你嘗試過了。

我初到美國時，社區大學是免費的，後來即使收費，學費也非常低廉，一個學分僅收二、三十美元。學院裡的老師很有耐心，因為知道學生的背景參差不齊，老師都有心理準備，不會在課堂上罵人。對學習能力強的，老師會鼓勵，甚至安排去上中級班；對跟不上的，老師會很寬容，安慰學生下學期可重修，總有一天會聽懂。我非常讚賞這個教育系統，因為我曾親眼看到它改變了一個孩子的人生。

當年在美國時，我常請人打掃院子及剪草坪。有一天，我注意到園丁的助手換了人，換成一名矮小瘦弱的孩子在剪草。他戴著一頂南美印第安人的大帽子，顯得更為瘦小，似乎推不動那部巨大的剪草機。我站在窗邊看他做事，發現他很用心，以前別人修剪到角落處的時候，喜歡用斜線切過去，總是剩一小塊草皮剪不到，他卻剪得整整齊齊、乾乾淨淨。

吃午飯時，我發現他不喝可樂或飲料，而是打開水龍頭，接著水管喝水。我猜想他是要省錢寄回家鄉給父母或兄弟姊妹，便動了惻隱之心，因為我們剛來美國留學時也是這般艱苦，大多數同學都把獎學金的一半寄回家。

漸漸地，我跟他熟悉了，知道他叫荷西，父母兄妹還在瓜地馬拉。我鼓勵他去進修，告訴他教育是脫離貧窮的唯一機會。我幫他多方打聽，發現社區學院對他最適合，裡面的課程很實際，又不需要修過什麼基本學分。他報名上了電機科，因為他以前學過一些這方面的知識。我替他補了因上課而曠工的工資及所需的課本費用，他半工半讀完成了學業，正好趕上美國矽谷騰飛的好時機，進入聖荷西一家電子公司工作。他工作很出色，不久便升任領班，把家人都從瓜地馬拉接到美國。

每年耶誕節，他都在我家門口留一個浸滿了白蘭地酒的水果蛋糕。上次我去美國開會，他來看我，這時的他已升至經理了。他對社區學院充滿感激，之前他在家鄉拿到的學歷在美國是不被承認的，他只能找體力的工作糊口；但是有了美國本土學院的文憑，他就輕鬆地進入美國體制內，和別人一樣，憑實力往上奮鬥。

教育使人脫胎換骨，對新移民或曾有不良記錄的孩子更是如此。社區學院的經費來自每個繳稅人，美國居民一般對政府花錢很有意見，但花在教育上的支出，就很少有反對的聲音，因為他們知道，心智的啟發是無價的。

主編的話

# 這本書的由來和價值

尹建莉

洪蘭教授在臺灣知名度很高。從學術地位來講，她是認知神經科學方面的權威，擔任國立中央大學認知神經科學研究所所長，同時在陽明大學神經科學研究所任職。但她的「出名」也許更多地是由於她對社會事務的參與。她在行政院、教育部及各相關民間機構擔任二十多種社會職務，這些職務於她來說不是僅掛個頭銜，而是意味著一項工作、一種責任。她把自己的專業研究和學識，還原為對現實生活的具體關注、具體指導，為推動教育的進步不遺餘力，在臺灣社會，尤其在教育界，有相當的影響力。

洪蘭教授的工作量驚人：在兩所大學任教，先後主持過十多個大型課題研究，迄今發表學術論文六十多篇，出版譯著超過五十本；經常到世界各地開會、發表演講，往來於大陸和臺灣兩地，進行文化交流，在臺灣本土亦不時地深入各地進行調研，到中小學演講，對教師和家長進行培訓。此外，她還針對各時期社會上出現的教育問題，每個月要寫十篇專欄文章。

有限的時間如何容納這麼大的工作量？洪教授給我講了兩件小事：一是她任教的大學新辦公樓啟用時，校方讓她選一間辦公室，她選了離洗手間最近的；因為廁所不得不上，但是花在走到廁所的時間卻是可以節省的。二是為了節省清理廚房的時間，她早上總是蒸饅頭吃。她把時間節儉到了極致，所以，這些年下來，僅她給報紙雜誌專欄所寫的文章，就結集出版了十多本書。

我和洪蘭教授第一次見面是在二〇一一年夏天，臺北。我們未曾謀面時，就彼此讀過對方的作品。雖然我們研究的專業領域不同，但寫作的著眼點都在教育上，服務的落腳點都在現實生活中，而且我們從彼此的作品中找到共有的觀點，獲得了共鳴。所以我的《好媽媽勝過好老師》在臺灣出版發行時，洪蘭教授寫了熱情洋溢的推薦語，給予高度評價，甚至為每篇文章寫了點評。而我在讀她的書時，亦覺光華爍爍，時有讚歎和心動。

教育學是一門邊界模糊的學問，心理學是一門尚且幼稚的科學，它們研究的層面主要在「思想」和「現象」上；所以對一些現實問題的解釋有時會力不從心。比如社會上流傳的「右腦開發」，從手段來看，教育學和心理學可以判斷其欺騙性，但為什麼是欺騙，則拿不出實證。洪教授則恰好用她的腦神經科學證明了這一判斷的正確，這種「佐證」力，經常在她的專欄文章中體現出來。她就像一位淵博的嚮導，以專業知識引導大家避開陷阱，安全地踏上正確教育的大道。

洪蘭教授是一位正直勇敢的學者，她努力向公眾傳播有關大腦的知識，把科學教育思想傳播給公眾。她敢於批判現實，不怕得罪相關利益集團，從她的文章中處處可看到她在用科學為真理和民眾說話，看到她的無私無畏。

走進任何一家書店，都可以看到洪蘭教授的這些教育科普書總在醒目的地方陳列。它們通俗易懂，集科學性和實用性於一體，在臺灣非常受歡迎。我在一本又一本地翻閱這些書時，常有珠玉晶瑩、翠華生香之感。正確的價值觀總是相通的，而一種價值觀在得到科學的支撐時，更具說服力。似乎，洪蘭教授在用她所有的科學實驗、學識和生活經驗，佐證著我的作品中的基本觀點。於是，我逐漸產生把她的作品介紹給大陸讀者的想法。

臺灣當代教育模式比大陸走得略早幾步，大陸當下的教育環境，和前些年臺灣的情況何其相似。臺灣社會有過的一些教育迷茫，大陸的人們正在經歷。市面上有太多有關教育的陷阱，許多人陷入迷茫卻不自知；而一些謬誤百出、空洞無物的育兒書更把大家搞得暈頭轉向，一錯再錯。科學總是相通的，教育科學也一樣，只有科學的東西才是美的，才是有力的。她的書對臺灣民眾有用，也一定會對大陸民眾有用。

但如果把臺灣版本直接搬來在大陸出版，顯然不適宜。這麼多本書對於很多家長來說，是個具有挑戰性的閱讀數量；而且，洪教授的這些書大多是由她寫給不同的報紙雜誌的專欄稿結集而成，因專欄對字數有要求，所以書中的文章大多比較短。這使她的這些書綜合起來看有兩個問題：一是不少文章常顯得分析不夠深入，淺嘗輒止；二是內容時有重複，讀起來感覺冗餘。於是我想，可不可以做一部選本，把這些文章進行新的梳理和整合？猶如把多條珠串拆開了，挑選出一部分精品珠，然後串成最好的一條。

這個想法源於一種激情，所以有些天真。真正面對這項工作，才發現此項工作的不易——比我想像的複雜得多。要從手中十多本洪教授的書中選出一本來，如何恰好挑選出公眾需要的？該用何種邏輯串起它們？分散於不同篇章中的段落，又如何有機地銜接成一篇完整的文章？在不能改變原有文字的情況下，如何整合出好的閱讀口感……很多問題擺在面前，幾乎令我望而卻步。

此項工作之艱難、耗時之長，大大超過我的想像。之所以堅持做下來，有對出版社及洪蘭教授承諾的因素，最關鍵的原因，是我很想把它們介紹給大陸的讀者。教育有太多的迷茫和誤區，在這個茫然慌張的年代，洪蘭教授也許能讓你更從容鎮定些。

《好孩子：三分天注定，七分靠教育》這個書名，是出版社的編輯們反覆斟酌後，經洪蘭教授認可確定的，它提煉出這本書的思想基礎。「三分天注定」並非暗示教育在兒童面前的束手無策，而是強調關注人和人的差異。正是這種差異，為後天教育能夠發揮作用提供了平臺和基礎，同時也向教育提出了每個孩子的個性必須得到尊重的需求。「七分靠教育」，則說明教育雖然不是萬能的，但教育有強大的功能，可以對兒童的一生產生決定性的影響。這七分是人能把握的，所以教育可以大有作為。當然，這不是一個嚴格的、可量化的比例，而是一種形象的比喻。

我不敢說現在這部選本真的選出了洪蘭教授那數量眾多的教育科普文章中最精彩的部分，時間有限，工作難免粗糙，諸多遺憾，令我不安。但這本書至少在家長遇到的一些很現實的問題上，給出了明確的答案；在一些可能出現的誤區上，給出了提醒；在一些觀念上，提供了高度的引導。我相信它對公眾一定是有用的。選編工作的不足之處，請大家多多諒解，也請洪教授多多包涵。

感謝洪蘭教授對選編工作的支持。

感謝長江文藝出版社，他們對待這部書稿如此認真，所做的工作令人敬佩。

感謝我的同學、朋友張春媚，她為本書做了許多煩瑣的案頭工作，在此特向她致謝。

謝謝大家，祝福大家！

二〇一二年九月北京

好孩子：三分天注定，七分靠教育．身教篇／洪蘭著．
-- 初版．-- 臺北市：遠流, 2014.04
面；　公分．--（洪蘭作品集；12）

ISBN 978-957-32-7391-2（平裝）

1. 親職教育　2. 子女教育

528.2　　103004525

大眾心理館 412
洪蘭作品集 12

# 好孩子
## 三分天注定，七分靠教育【身教篇】

作者——洪蘭
主編——尹建莉
執行主編——林淑慎
特約編輯——陳錦輝

發行人——王榮文
出版發行——遠流出版事業股份有限公司
104005 臺北市中山北路一段 11 號 13 樓
郵撥——0189456-1
電話——(02)2571-0297
傳真——(02)2571-0197
著作權顧問——蕭雄淋律師

□ 2014 年 4 月 1 日　初版一刷
□ 2024 年 5 月 1 日　初版十三刷
售價新台幣 250 元（缺頁或破損的書，請寄回更換）

ISBN 978-957-32-7391-2